KB100014

치료받을
권리

팬데믹 시대,
역사학자의 병상일기

치료받을 권리

티머시 스나이더 지음 — 강우성 옮김

엘리

우리가 지금은 거울에 비친 모습처럼 어렴풋이 보지만

그때에는 얼굴과 얼굴을 마주 볼 것입니다.

내가 지금은 부분적으로 알지만

그때에는 하느님께서 나를 온전히 아시듯

나도 온전히 알게 될 것입니다.

코린토 신자들에게 보낸 첫째 서간 13장 12절

차례

프롤로그

|

고독과 연대

한밤중에 응급실에 가게 됐을 때, 나는 의사에게 내 상태를 설명하기 위해 '병감病感'이라는 단어를 썼다. 머리가 아팠고, 손발이 욱신거렸으며, 기침이 났고, 몸을 거의 움직일 수 없었다. 아주 자주 몸이 떨렸다. 막 시작된 2019년 12월 29일은 나의 마지막 날이 될 수도 있었다. 간에 야구공만 한 농양이 있었고, 염증은 핏속으로 스며들어 있었다. 당시에는 이 사실을 알지 못했다. 그러나 뭔가 크게 잘못되었다는 것은 알 수 있었다. '병감'은 약하고 지쳐 있는 상태를 의미한다. 아무것도 정상적으로 작동하지 않고, 어떤 조치도 취할 수 없는 상태라는 뜻이다.

병감은 우리에게 질병이 있을 때 생겨나는 느낌이다. 병감malaise과 질병malady은 프랑스어와 라틴어에서 유래한 아주 오래된 단어들로, 영어에서는 수백 년 동안 쓰였다. 두 단어는 미국 독립전쟁 시기에는 병과 폭정을 아울러 의미했다. 보스턴학살이 있은 뒤, 보스턴의 유력 인사들은 "국가의 질병, 식민지의 질병"을 끝장내야 한다는 호소문을 발표했다. 미국 건국의 아버지들은 자신들의 건강과 자신들이 설립한 공화국의 건강을 이야기하며 병감과 질병에 대해 썼다.

이 책은 어떤 질병에 대한 책이다. 내 병이 그 질병을 확인하는 데 도움이 되긴 했지만 내 병은 아니고, 우리 미국의 질병이다. 제임스 매디슨의 표현을 빌리자면, "우리의 공적 질병"이다. 우리의 질병은 실제 육체의 병인 동시에 그 병을 둘러싸고 있는 정치적 병폐다. 우리는 자유를 잃어버리게끔 병들어 있고, 건강을 잃어버리게끔 억압되어 있다. 우리의 정치는 너무나 큰 고통의 저주에 처해 있고, 자유의 축복은 너무나도 적다.

2019년 연말에 병이 들었을 때, 내 머릿속에는 자유에 대한 생각이 맴돌고 있었다. 한 사람의 역사가로서, 나는 인종말살, 나치 홀로코스트, 소비에트 공포정치와 같은 20세기의 참상들에 관한 글을 쓰면서 20년을 보냈다. 근래에는 역사가 어떻게 현재의 폭정에 맞서 싸우며 미래의 자유를 수호하는지에 관해 생각하며 목소리를 내왔다. 마지막으로 청중을 앞에 두고 연단에 설 수 있었던 때, 나는 미국이 어떻게 자유 국가가 될 수 있는지에 대해 강연하고 있었다. 그날 저녁 나는 아팠지만 해야 할 일을 마무리했고, 그런 다음 병원으로 갔다. 그리고 뒤이어 벌어진 일련의 일들에 힘입어 나는 자유, 그리고 미국에 대해 더 깊이 사유할 수 있게 되었다.

　　2019년 12월 3일 독일 뮌헨의 연단에 서 있을 때 내게는 맹장염이 있었다. 독일 의사들은 나의 상태를 간과했다. 맹장이 터졌고, 간으로 염증이 퍼졌다. 미국 의사들은 이것을 등한시했다. 이런 연유로 나는 결국 12월 29일, 코네티컷주 뉴헤이븐의 응급실에 이르게 되었다. 혈관을 따라 세균들이 내달리고 있었고, 나는 여전히 자유에 대해 생각하고 있었다. 2019년 12월과 2020년 3월에 걸쳐 세 달여 동안, 나는 다섯 개 병원에 있으면서 메모와 스케치를 했다. 나의 의지로 내 몸을 움직일 수 없을 때, 혹은 나의 몸이 온갖 주머니와 튜브에 연결되어 있을 때, 자유와 건강이 연관되어 있음을 알기는 어렵지 않았다.

○

식염수, 알코올, 그리고 핏자국으로 얼룩진 병상일기의 페이지들을 보고 있으니, 2019년 마지막 날들부터 기록된 뉴헤이븐 편은 죽음을 앞두었을 때 나를 구원해준 강렬한 감정들로 점철되어 있음을 깨닫는다. 격렬한 분노와 다정한 공감은 나를 지탱하며 자유의 의미를 새로이 새길 수 있도록 자극했다. 뉴헤이븐에서 내가 쓴 첫 글귀는 "오로지 분노 외로운 분노"였다. 치명적 질병의 한가운데서 나는 분노 이상으로 명료하고 강렬한 감정을 느끼지 못했다. 분노는 밤의 병동으로 나를 찾아와, 전에는 알지 못했던 종류의 어둠 속에서 타오르는 횃불 하나를 내게 건네

주었다.

　12월 29일, 응급실에서 열일곱 시간을 보낸 끝에 나는 간 수술을 받았다. 12월 30일 이른 아침, 팔과 가슴에 튜브를 꽂은 채 병원 침대에 누워, 나는 주먹을 쥘 수 없었다. 그러나 주먹을 쥐고 있다는 상상을 했다. 나는 팔꿈치를 딛고 침대에서 몸을 일으키지 못했다. 그러나 그렇게 하는 나의 모습을 떠올렸다. 나는 또 다른 병동에 입원한 또 하나의 환자, 또 한 세트의 손상된 장기들, 감염된 피가 담긴 또 하나의 용기에 불과했다. 그러나 나는 그런 식으로 느끼지 않았다. 나는 옴짝달싹 못 한 채 분노에 찬 나를 느꼈다.

　분노는 어떤 대상에 의해서도 훼손되지 않은 채, 아름다울 정도로 순수했다. 나는 신에게 화가 나지 않았다. 이것은 그의 잘못이 아니었다. 의사와 간호사 들에게 화가 난 것도 아니었다. 그들은 불완전한 세상을 사는 불완전한 사람들일 뿐이었다. 침대 시트와 튜브가 뒤엉킨 내 병실 너머로 자유롭게 도시를 오가는 행인들에게도, 문을 꽝 닫는 배달원들에게도, 경적을 울려대는 트럭 운전사들에게도 화가 나지 않았다. 내 핏속에서 풍족함을 즐기는 세균들에게도 화가 나지 않았다. 내 분노는 어떤 것에도 향해 있지 않았다. 나는 내가 없는 세계에 분노했다.

나는 분노했다, 고로 존재했다. 분노가 내 존재의 실루엣을 드러내는 빛을 비춰주는 셈이었다. "고독의 그늘은 독특하다", 나는 병상일기에 조금 모호하게 그렇게 적었다. 나의 신경세포들이 이제 막 불타오르기 시작하고 있었다. 다음 날인 12월 31일, 패혈증과 진정제 투여 상태에서 벗어나며 나의 정신이 깨어나기 시작했다. 나는 한 번에 몇 초 이상씩은 생각을 가다듬을 수 있었다. 처음으로 길게 이어진 나의 생각이 독특함에 관한 것이었다. 어느 누구도, 나와 똑같은 선택을 하며, 내가 지나온 것처럼 삶을 지나오지 않았다. 나와 똑같은 감정으로, 똑같은 곤경 속에서 한 해의 마지막 날을 보내고 있지는 않았다.

나는 나의 분노가 나를 병상 밖으로, 새해로 이끌어주길 바랐다. 마음 깊은 곳에서 나는 나의 시체를, 그 부패 과정을 지켜보았다. 부패의 예측 가능함은 끔찍했다. 이는 생을 사는 모든 이에게 해당될 것이다. 내가 원한 것은 예측 불가능함이었다. 나는 나 자신에 대한 예측이 불가능하길 원했다. 내가, 예측 불가능한 타인들과 연결될 수 있길 원했다.

며칠 밤 동안 분노는 내 삶이었다. 분노는 지금, 이곳에 존재했고, 나는 더 많은 지금과 더 많은 이곳을 원했다. 병상에서 몇 주만 더, 그다음엔 또 몇 주만 더를 갈망했다. 그 시간 동안 나는 내 몸에 무슨 일이 벌어질지 알지 못할 것이었고, 내 정신에 무슨 생각이 깃들지 알지 못할 것이었다. 다만 느끼고 생각하는 사람이 나라는 사실은 알 터였다. 죽음은 만물이 어떻게 존재할 수 있고 존재해야 하는지에 대한 나의 감각, 가능한 것과 아름다운 것에 관한 나의 감각을 소멸시킬 것이었다. 병상일기에 썼듯, 나의 분노는 바로 그 허무, "그 특정한 허무"를 향해 있었다.

분노는 한 번에 몇 분씩만 내게 왔고, 빛과 온기를 가져왔다. 몸은 열이 나면서도 대체로 오한이 났다. 한 해의 마지막 날 병상에 누워, 나는 해가 떠오르기를, 햇빛이 내 병실에 들기를 바랐다. 햇빛이 내 피부에 닿길 바랐다. 사흘 동안 으슬으슬한 상태로 지낸 후, 내게는 나 자신의 온기 이상의 것이 필요했다. 나의 온기는 가슴과 팔에 연결된 튜브들과 계속 엉키는 얇은 시트들을 통해 빠져나갔다. 두꺼운 창으로 들어오는 뉴잉글랜드의 겨울 햇빛으로는 충분치 않다. 나는 상징과 욕망 들 속에서 살아가고 있었다.

나는 내 마음속 횃불이 외로운 불빛이 되길 원치 않았다. 다행스럽게도 그러지 않았다. 사람들이 나를 찾아왔다. 아내가 블라인드를 올리자 희뿌연 새해가 들어왔다. 사람들이 병문안을 오기 시작했을 때, 나는 병약한 나를 곁에 두고 그들이 어떻게 반응할지 상상했지만 알 수는 없었다. 내가 기억하기로, 병문안을 온 옛 친구들 중 몇은 방문객이 있는 환자가 치료를 더 잘 받는다고 생각했다. 그들이 분명 옳다. 건강은 함께함의 문제다. 정말 여러모로 그러하다.

병문안은 우리가 혼자 있을 수 있게 도와준다. 내 편이 되어 함께 있어주는 덕분에 차분하게 고독해질 수 있다. 모습을 보여주는 것만으로도 친구들은 추억을, 지난날로 우리를 돌려보내는 일련의 연상 작용을 불러일으킨다. 왜 환자를 찾아가봐야 하는지에 대해 한 친구가 현실적 의견을 설파했던 순간이 떠올랐다. 몇 해 전 그때는, 내가 그 친구의 병상 곁에 있었다. 내가 지금 누워 있는 바로 이 병원에서, 그 친구가 아프고 임신한 몸으로 누워 있었다. 나는 그의 아이들을 생각했고, 다음엔 내 아이들을 떠올렸다. 나의 기분에 또 다른 기분이 더해졌다. 다정한 공감이었다.

○

분노는 오롯이 나였다. 메아리가 아니라 소리가 되고 싶고, 부패하여 스러지지 않고 몸을 갖추어 살고 싶은 나의 소망이었다. 나의 분노는 다른 무엇에도 향해 있지 않았다. 다만 온 우주와 그 안의 필멸의 법칙만을 향해 있었다. 하루 이틀이면 나는 내 안의 빛을 반짝일지도 몰랐다.

하지만, 천천히 그리고 부드럽게, 두 번째 감정이 나를 파고들었다. 그 감정은 다른 방식으로 나를 지탱해주었다. 삶은 단지 나만의 것이 아닐 때에만 비로소 진정한 삶이라는 느낌. 분노와 마찬가지로 이 감정은 내가 홀로 있을 때 찾아왔다. 나 혼자 할 수 있는 일이 거의 없을 때에, 내 모든 운동 감각이 마음속 환상에 있었던 때에. 이런 감정 속에서, 나는 나 자신이 다른 사람들과 하나의 무리 속에 어우러져 시간과 부대끼며 살아가고 있음을 깨달았다. 그 느낌을 일기에 적어보려 하자, 제각기 다른 모습인, 부유하는 어떤 탈것이 떠올랐다. 뗏목을 조금 닮은 모습이었다.

뗏목은 오랜 시간에 걸쳐 여러 조각들로 만들어진다. 나는 그 뗏목의 일부였고, 다른 사람들도 마찬가지였다. 우리는 같은 물 위를, 때로는 쉬이 또 때로는 암초에 부딪히면서 함께 흔들리며 부대끼고 있었다. 내 널빤지가 빠져 물속 깊이 떨어져 내리면, 뗏목은 방향을 잃거나 뒤집힐지도 모른다. 어떤 널빤지들은 내 널빤지에서 멀리 있었고, 어떤 널빤지는 가까이 있었다. 나는 내 아이들의 삶이 어떻게 내 삶에 연결되어 있는지 스스로에게 되뇌었다. 내가 나라는 것은 중요치 않았고, 오직 내가 '그 아이들의 것, 그 아이들의 아버지'라는 사실만이 중요했다. 아이들 존재의 모든 조각들이 나의 생존에 대한 희망과 연관되어 있었다. 아이들은 나와 닿아 있지 않은 적이 한 번도 없었다. 아이들의 널빤지는 언제나 내 널빤지에 연결되어 있었다.

내가 없다면 무엇이 달라질까? 나는 부모의 머릿속 달력에 새겨지는 소소한 일상들, 축구 연습, 수학 숙제, 큰 소리로 책 읽어주기 같은 일에서 시작해 상상해보았다. 내가 없는 아들의 모습, 내가 없는 딸의 모습은 아이들과 함께한 이전의 내 삶과 다름없이 생생했다. 나는 그것을 뼈아프게 깨달았다. 나는 아이들의 미래가 나 없이 펼쳐지는 광경을 마음속으로 지켜보았고, 이내 그 장면을 되감아버렸다.

내 삶이 단지 나만의 것이 아니라는 이 떠다니는 깨달음, 이 다정한 공감이 나를 호위해 죽음에서 멀어지게 했다. 삶이 나눠 가진 것이라는 이 느낌은 처음에는 내 아이들로 인해 생겨났지만 점차 밖을 향해, 뗏목을 이루는 제각기 다른 모습의 통나무 전체를 향해 뻗어 나갔다. 나는 내가 알고 사랑하는 모든 이들과 함께 물을 튀기고 뗏목을 끌며 앞으로 나아가는 중이었으니, 만일 내가 지금 떨어져 나간다면 모두에게 영향을 줄 터였다. 이런 기분이 들자, 나는 분노하고 있지 않았다. 물결에 흔들리고 있었고, 추억하고 있었고, 생각하고 있었고, 성찰하며 공감하고 있었다.

분노는 나 자신을 볼 수 있게 해주었다. 분노가 있었기에, 충격을 받은 내 육체와 정신이 또렷한 모습을 유지할 수 있었다. 공감은 나를 다른 사람들 가운데 있게 했다. 이런 기분이 들면 내가 특별한 존재라는 사실이 하찮았다. 내가 다른 사람들 속에 있다는 것, 그들의 기억과 기대 속에서 내가 그들 삶의 형태의 버팀대로, 험난한 항해를 조력하는 부표로 존재한다는 것이 중요했다. 내 삶이 그저 나만의 것이 아니었기에, 내 죽음 또한 오로지 나만의 것이 아니었다. 그런데 생각이 이 지점에 이르자, 나는 다시 분노하기 시작했다. 이런 일이 일어날 순 없었다.

공감은 분노와는 전혀 다르지만 분노와 함께 작동했다. 두 개의 각기 다른 감정은 하나의 진실, 나의 근본을 드러냈다. 내게는 하나만으론 충분치 않았다. 나에겐 두 감정 모두가 필요했다. 회복하기 위해, 자유로워지기 위해, 나에겐 횃불과 뗏목, 불과 물, 고독과 연대가 모두 필요했다. 그리고 내게 진실인 것은 다른 사람에게도 진실일 것이라고 생각한다.

|

우리의 질병

내가 죽었다면 내 죽음은 너무나 평범했을 것이다. 서글픈 통계 속으로 사라졌을 것이다. 너무 많은 사람들이 2020년의 첫 몇 달 동안 그럴 필요 없이 삶을 등졌다. 너무 많은 사람들이 매달, 매 순간 죽음에 너무 가까워진다. 더 긴 삶이 약속됐었지만 미국의 기대수명은 지난 5년 동안 어떤 의미 있는 변화도 없이 정체되어왔다. 최근 몇 년 동안 미국인의 기대수명은 뒷걸음질해왔다.

이 나라에서 삶의 시작은 두렵고 불확실하다. 임신한 여성에 대한 처우는 엄청나게 불평등하고 턱없이 불충분하다. 흑인 여성들이 출산 중 사망하는 일은 흔하며, 그 아이들 또한 마찬가지다. 아프리카계 미국 여성이 낳은 영아의 사망률은 알바니아, 카자흐스탄, 중국, 그리고 다른 70여 개국들보다 높다. 미국 전체를 놓고 보면, 소비에트 연방 체제 붕괴 이후에도 가장 소비에트적인 국가 벨라루스보다, 유고슬라비아 내전 이후 어정쩡하게 탄생한 보스니아보다 형편이 좋지 않다. 또 다른 40여 개국과의 비교는 말할 것도 없다. 청소년기는 매력을 상실했다. 아무런 변화가 없다면, 밀레니엄 세대는 X 세대 부모나 베이비붐 세대 조부모에 비해 의료보장에 더 많은 비용을 쓰면서도 수명은 더 짧아지게 될 것이다. 인생의 황금기는 전과 상황이 다르다. 스스로 목숨을 끊거나 마약에 빠져 사망하는 중년 백인 남성의 수가 엄청나다. 남부 지역의 중년 백인 여성은 제명을 다하지 못한다.

민영보험, 지역의 민간병원 집단, 그리고 다른 힘 있는 이해 집단에 좌우되는 미국의 상업적 의료 시스템은 점점 더 숫자놀음을 닮아간다. 우리는 우리의 의료보장에 부수적으로 부의 이전이 결부되어 있다고 생각하지만, 사실은 부의 이전에 부수적으로 의료보장이 결부되어 있는 것이다. 탄생이 안전하지 않고, 누군가의 탄생이 다른 이들의 탄생보다 덜 안전하다면, 무언가가 잘못된 것이다. 의료보장을 위해 젊은 세대로부터 더 많은 돈을 뽑아내는데 그들이 나이 든 세대보다 건강하지 못하다면, 무언가가 잘못된 것이다. 국가를 신뢰하던 사람들이 스스로 목숨을 끊고 있다면, 무언가가 잘못된 것이다. 의료의 목적은 병든 사람들로부터 짧은 생애 동안 최대한의 이윤을 짜내는 것이 아니라, 그들이 긴 생애 동안 건강과 자유를 누리게 하는 데 있다.

이 질병은 유독 미국의 것이다. 우리는 23개 유럽 국가의 사람들보다 먼저 죽는다. 일본, 한국, 홍콩, 싱가포르, 이스라엘, 레바논 같은 아시아 사람들보다 먼저 죽는다. 바베이도스, 코스타리카, 칠레 같은 동일 반구의 사람들보다 먼저 죽는다. 캐나다, 호주, 뉴질랜드 같은 영국 식민지의 역사를 지닌 또 다른 나라 사람들보다 먼저 죽는다. 1980년 내가 열 살이었을 때 미국인들은 국부가 비슷한 나라들에 비해 평균 1년 정도 수명이 짧았다. 내가 쉰 살이 된 2020년에 이르자, 기대수명의 차이는 4년으로 늘어났다. 다른 나라들에 더 많은 지식과 더 좋은 의사들이 있어서가 아니다. 그들에게 더 나은 시스템이 있기 때문이다.

미국과 다른 나라들 사이의 간극은 2020년에 더 벌어졌다. 그 어떤 민주주의 국가도 미국처럼 코로나 바이러스 팬데믹에 잘못 대처하지 않았기 때문이다. 일본과 독일, 한국과 오스트리아의 국민들, 그리고 사실 모든 부유한 민주주의 국가의 국민들은 우리보다 덜 위험에 노출됐다. 그들 정부가 자국민들을 더 잘 보살폈기 때문이고, 그 국민들이 더 쉽게 정보를 취하고 치료를 받을 수 있었기 때문이다. 미국에 신종 코로나 바이러스가 당도하기 전에도 미국인들은 이미 너무 쉽게 죽었다. 엉망진창인 우리의 팬데믹 대응은 미국의 질병이 보인 최신 증상이다. 안전과 건강이 아니라 고통과 죽음을, 다수의 번영이 아니라 소수의 이윤을 보장하는 미국 정치의 최신 증상이다.

신종 코로나 바이러스는 내가 입원한 무렵, 즉 처음 보고되었던 시점부터 심각하게 다뤄졌어야 했다. 2020년 1월에 진단 장비를 갖추었어야 했고, 신종 질병을 추적했어야 했으며, 질병의 확산을 제어했어야 했다. 이 일은 어렵지 않게 이루어질 수 있었다. 우리보다 훨씬 가난한 나라들이 그렇게 했다. 코로나 바이러스에 감염된 미국인들은 모두 침상과 산소호흡기를 이용할 수 있었어야 했고, 감염자들을 치료하는 의사들과 간호사들은 충분한 마스크와 방호복을 갖출 수 있었어야 했다. 바이러스에 인간적 측면은 없지만, 바이러스는 인간성을 측정하는 척도다. 미국은 제대로 대처하지 못했다. 지금까지 15만 명의 미국인들이 아무런 이유 없이 죽었다.

미국의 질병, 미국의 병폐는 환경오염 사망, 마약성 약물 중독 사망, 수감 중 사망, 자살, 신생아 사망, 그리고 현재의 노년층 집단 사망을 너무도 흔한 것으로 만든다. 미국의 질병은 그 어떤 통계보다도 더 심각하며, 유행병보다도 더 고질적이다. 우리가 더 짧고 더 불행하게 살게 된 데는 이유가 있다. 대통령이라는 사람이 신종 바이러스가 대유행을 하는데도 미국인들을 계속 무지몽매하게 놔둔 채 그 혼란과 고통을 이용해먹을 수 있다고 생각한 데는 이유가 있다. 미국의 질병은 아플 때 어디에 손 내밀어야 할지 알 수 없는 상태로 우리를 팽개쳐 고립시킨다.

　미국은 마땅히 자유의 나라이건만, 병과 두려움이 우리를 자유롭지 못하게 만든다. 자유롭다는 것은 우리가 우리다워지는 것, 자신의 가치와 욕망을 좇아 세상을 누비는 것을 뜻한다. 우리 모두에게는 행복을 추구하고 발자국을 남길 권리가 있다. 행복을 감지하지 못할 만큼 아프거나 행복을 추구하지 못할 만큼 허약해지면 자유란 불가능하다. 의미 있는 선택, 특히 건강에 관한 선택에 필요한 지식이 부족하면 자유를 얻기란 불가능하다.

　'자유'라는 말이 우리를 병들고 힘없게 방치하는 상황들을 야기하는 이들의 입에서 나온다면 그것은 위선이 된다. 만약 우리의 연방정부와 상업 의료 시스템이 우리를 병들게 한다면, 그들은 우리를 자유롭지 못하게 만들고 있는 것이다.

○

자유는 때로 어둠 속 한 줄기 외침이며, 버텨내려는 의지이고, 고독한 분노이다. 병상에서 나는 그것이 필요했다. 그러나 살아가는 동안 자유롭고자 원하는 사람에게는 차분한 목소리, 다정한 문안, 그리고 병은 버림이 아니라 관심을 불러오리라는 믿음 또한 필요하다. 그것 덕분에 나는 살아서 새해를, 우리가 겪고 있는 이 팬데믹의 해를 맞았다. 내가 이 책에서 전하고자 하는 내용은 내 병상일기에 그때그때 적은 생각과 경험 들에서 생겨났으며, 고독과 연대가 어떻게 함께 작동하는지에 관한 것이다.

자유는 각자의 일이지만, 우리 중 누구도 다른 이의 도움 없이는 자유로울 수 없다. 개인의 권리를 위해선 공동의 노력이 필요하다. 〈독립선언문〉은 "모든 인간은 평등하게 태어난다"고 천명하며 그 원칙을 수호하겠다는 모든 서명인들의 의지 표명으로 마무리된다. 권리란 우리가 응당 누려야 한다고 확신하는 무엇이지만, 존재하는 권력자들에게 촉구될 때만이 세상의 현실이 된다.

흑인 인권 운동가였던 프레더릭 더글러스가 되새겨주듯, "인간 자유의 진보가 새겨진 모든 역사는, 이제껏 자유의 준엄한 요청에 응답한 모든 양보가 진정한 투쟁에서 비롯되었음을 보여준다" 그 투쟁은 우리의 질병을 치유하기 위한 싸움이 될 것이다. 그 싸움은 우리가 의료보장을 하나의 인권으로 주장할 때 시작된다.

첫 번째 교훈

|

의료보장은 인권이다

몸이 아팠을 때 나는 독일에 있었다. 2019년 12월 3일 늦은 밤 뮌헨에서, 나는 복부 통증으로 병원에 갔다가 이튿날 아침 퇴원 조치됐다. 12월 15일 코네티컷에서, 나는 맹장염으로 입원했다가 24시간이 채 지나지 않아서 퇴원 조치됐다. 12월 23일 플로리다에서 휴가를 보내던 중, 나는 손발이 욱신거리고 마비 증세가 와서 병원에 입원했지만 이튿날 퇴원 조치됐다. 그 뒤 두통과 심해지는 피로감 속에 내 상태는 악화되기 시작했다.

12월 27일, 우리 가족은 뉴헤이븐으로 돌아가기로 결정했다. 플로리다에서 받은 치료가 만족스럽지 못했기에 나는 집에 돌아가고 싶었다. 하지만 결정을 내리고 채비를 하는 것은 아내 마시의 몫이었다. 28일 아침, 마시는 짐을 싸고 두 아이들을 준비시켰다. 나는 골칫거리였다. 이를 닦고 옷을 다 챙겨 입고 나니, 누워서 쉬어야만 했다. 마시는 공항에서 이용할 휠체어를 예약했고, 우리가 가야 할 길을 앞장섰다.

플로리다의 포트 마이어스 공항에서 내가 휠체어에 탄 채 도로변에 아이들과 앉아 있는 동안 마시가 렌터카를 반납했다. 아내가 기억하는 여행기에 따르면, "당신은 비행기에서 숨이 꺼져가고 있었다." 코네티컷의 하트퍼드 공항에서 아내는 친구의 차까지 곧장 내가 탄 휠체어를 밀었고, 그다음엔 아이들에게 돌아가 함께 짐을 기다렸다. 친구는 무슨 일이 벌어지고 있는지 영문을 몰랐다. 휠체어에 탄 나를 보더니 "거기 의사들이 무슨 짓을 한 거야?"라고 폴란드어로 말하곤 나를 앞좌석에 앉혔다. 그가 뉴헤이븐으로 속도를 내는 동안 나는 납작 누워 있었다. 그 편이 두통이 덜했기 때문이다.

뉴헤이븐에서 응급실에 들어가기까지는 고난의 연속이었다. 주차장에서 응급실 로비까지는 휠체어를 타고 가야 했다. 의사인 또 다른 친구가 거기서 나를 기다리고 있었다. 그때는 알지 못했지만 당시 내 간에는 엄청난 염증이 있었고, 그것이 내 핏속으로 스며들고 있었다. 나는 이른바 패혈증 상태였고 까닥하면 죽을 수 있었다. 입구에서 응급실까지 따라붙는 간호사들은 내 상태를 그리 심각하게 여기지 않는 듯했다. 어쩌면 내가 앓는 소리를 내지 않았기 때문일 것이다. 어쩌면 나를 대변해준 친구가, 의사라곤 해도, 흑인 여성이었기 때문일 것이다. 그가 미리 전화를 걸어 내게 당장 치료가 필요하다고 말해둔 터였다. 그것은 아무런 소용이 없었다.

　그 뒤 한 시간 가까이 휠체어와 로비 테이블 사이에 늘어져 있다가, 마침내 나는 응급실로 들여보내졌다. 그러고 나서도 이렇다 할 조치가 취해지지 않기에, 나는 로비에서 응급실 침대로 비틀비틀 걸어오는 동안 내가 본 것들을 떠올려보았다. 나는 여섯 개 나라의 여섯 개 응급실에 입원한 적이 있어서 응급실이란 데가 어떤 덴지 잘 알고 있었다. 미국 대부분의 응급실과 마찬가지로 그곳 역시 인원 초과 상태였다. 복도에 침상들이 줄지어 있었다. 엿새 전 플로리다에서는 혼잡도가 훨씬 더 심했다. 나는 그날 밤 뉴헤이븐에서 내게 작은 공간이나마 생겨 운이 좋다고 느꼈다. 병실까진 아니었고, 노란색 커튼으로 다른 수십 개의 침상들과 분리된, 구석 자리 침상이었지만 말이다.

한참이 지나자 커튼이 거슬리기 시작했다. 응급실에서 관심을 얻으려면 누가 직원인지 파악하고, 누군가의 눈길을 끌어야 한다. 커튼이 쳐져 있으면 지나다니는 사람들을 볼 수 없었고, 따라서 복색과 이름표를 식별해 도움을 청하기가 어려웠다. 처음 커튼을 젖힌 의사는 내가 과로했거나 독감일지 모른다고 판단하더니 주사를 놔주었다. 당황한 친구는 내 상태가 훨씬 심각하다고 설명하려 애썼다. "달리기 시합에 나가던 친구예요. 그런데 지금은 서 있지도 못하잖아요." 친구는 그 수련의에게 지난 며칠 사이 내가 응급실만 두 번째 왔고 따라서 특별히 주의 깊게 살펴야 되지 않겠느냐고 했다. 수련의는 수긍하지 못한 채 자리를 떴고, 그의 뒤로 커튼이 반쯤 열린 채였다. 그때, 나를 응급실에 들여준 간호사 두 명이 힐끗 보였고, 둘이 지나가며 하는 소리가 들렸다. "저 여자 누구야?" "자기 말로는 의사라는데?" 그들은 내 친구 얘기를 하고 있었다. 그들이 웃음을 터뜨렸다. 당시에는 적어둘 수 없었지만 나중에는 했다. 인종차별이 그날 밤 내 명운에 상처를 냈다. 인종차별은 다른 사람들 삶의 모든 순간에도 그들의 명운에 상처를 낸다.

미국의 다른 지역에서처럼 뉴헤이븐에서도, 저녁 무렵의 응급실은 나이 든 알코올의존증 환자들과 총에 맞거나 칼에 찔린 젊은이들로 북적댄다. 뉴헤이븐의 토요일 밤은 의사, 간호사, 직원, 환자 모두에게 힘든 시간이다. 그날은 토요일 밤이었다. 격심한 오한을 막아보려고 나는 시트를 당겨 뒤집어썼고, 이 응급실에서 보냈던 또 다른 토요일 밤을 떠올렸다. 저쪽 또 다른 자리에서 벌어졌던 일을.

8년쯤 전이었다. 빵을 자르다가 손가락 두 개를 심하게 벤 임신한 아내를 데리고 이곳에 온 적이 있었다. 아내는 출산일을 2주 앞두고 있었고 평소보다 거동이 불편했다.

나는 비명소리를 들었고 아래층으로 뛰어내려갔고, 어떻게든 피를 멈추게 하려고 애쓰면서 911에 전화를 했다. 구급대원들은 분명 가정폭력을 의심하고 있었다. 그들이 도착했을 때 우리는 사방에 피가 튄 부엌 바닥에 무릎을 꿇고 앉아 있었다. 나는 심장 위쪽으로 아내의 손을 들어 올려 잡고, 침착하게 두 살배기 아들에게 상황을 설명하고 있었다. 이 모습을 목격한 구급대원은 아주 침착하게 움직였고, 노련하고 절제된 목소리로 질문을 던졌다.

앰뷸런스 안에서, 구급대원들은 마음이 놓였는지 아내에게 아이가 귀엽다고 말했다. 나는 집에 아들과 남아 있다가, 집에 와준 친구들에게 아이를 맡긴 후 응급실에 있는 아내에게 갔다. 우리는 몇 시간 동안 전문의를 기다렸다. 그 이유는 분명, 어떤 성형외과 의사들은 토요일 밤에 굳이 응급실로 올 마음이 없기 때문이었다. 우리한테 온 의사는 그 시간 그곳에서 으레 예상되듯 손가락이 잘린 것은 아니라서 안도했다. 병원 건물을 나서다가 아내가 응급실 침대 프레임 한쪽에 스카프를 감아둔 것이 생각났다. 내가 가지러 갔는데, 스카프가 감겨 있던 자리에 보이는 것은 수갑뿐이었고, 그 수갑 한쪽은 훨씬 심한 자상을 입은 한 남자의 손목에 채워져 있었다. 그가 목에 아내의 스카프를 두르고 있었다. 나는 그냥 내버려두었다.

12월 29일 이른 아침, 응급실 한쪽 자리에서 서서히 숨이 끊어져가던 내게는 과거를 추억할 시간이 충분했다. 아주 더디게, 나는 독감 검사를 비롯해 이런저런 검사를 받았다. 그러나 별다른 진단 결과는 나오지 않았다. 2주 전 같은 병원에서 맹장수술을 받았는데, 응급실의 그 누구도 내 전자 의무기록을 확인하려는 생각이 없어 보였다. 나는 병원에 오면서 플로리다 병원의 기록지 파일과 시디 한 장을 가져온 터였고, 그것을 의사들에게 건넬 만큼은 정신을 차리고 있었다. 그러나 의사들은 관심이 없었다. "우리는 우리 식으로 진행합니다"라고 수련의가 말했다. 의사들과 간호사들은 내 증세를 병력과 연관 짓는 건 고사하고, 문장 하나 끝낼 여력이 없는 듯 보였다.

나는 그들이 그렇게 정신없는 이유를 볼 수 있었다. 아니, 들을 수 있었다. 바이털 사인이 점점 나빠지고 염증이 혈액 속으로 번져가는 와중에도, 커튼 너머 들려오는 익숙한 소리들에 관심이 갔다. 커튼 너머 오른쪽에 있는, 목소리를 듣건대 나이 든 여성으로 짐작되는 한 알코올의존증 환자는 쉴 새 없이 "의사 선생님!" "간호사님!"을 외쳤다. 왼쪽에 있는 두 번째 알코올의존증 환자는 목소리가 걸걸한 남성 홈리스였다. 허리 벨트를 풀어달라는 요구에, 그는 자신을 그리스 신화에 나오는 사냥꾼이자 겁탈자에 비유하면서 "오리온의 벨트"니 뭐니 주절거렸다. 여자 의사나 간호사가 다가가면 그때마다 "자기는 내 거야. 거부하려 들지 마" 했다. 간호사 중 한 명은 자기는 누구 것도 아니라고 목소리를 높였다. 퇴원할 때 그는 집을 안전하다고 느끼냐는 의례적인 질문들을 받았다. 터무니없는 질문이었다. 왜냐하면 그에게는 집이 없었고, 다시 한데로 돌아가야 했기 때문이다. 또 저속한 질문이 되기도 했다. 그가 질문한 간호사에게 성적 폭력을 가하는 상상과 연관된 대답을 했기 때문이다.

커튼 바로 너머에는 경찰관 두 명이 앉아, 부상당한 젊은 남성 둘을 지키고 있었다. 딱히 할 일이 없었던 그들은, 내 커튼 앞자리에 바짝 붙어 앉아 밤새 큰 소리로 떠들었다. 나는 경찰서 교대근무 방식을 알게 되었다. 음주운전, 차량유기, 가정폭력, 그리고 가장 흥미롭게는 경찰관들도 말리기가 힘에 부치는 노상 주먹다짐에 관한 얘기들을 들었다. 이웃집 정원을 망쳐놓으려다가 손에는 삽, 무릎에는 흙을 묻힌 채로 붙잡힌 여성에 대한 이야기처럼, 어떤 것들은 재미가 있기도 했다.

두 경찰관이 선호하는 화제는 따로 있었다. 하나는 관료주의, 다른 하나는 범죄성향. 범죄 얘기를 좋아하는 경찰관은 "비존재unperson" "비인간unpeople" 같은 단어를 썼다. 그 경찰관은 자신이 범죄자들로 간주하는 아프리카계 미국인들을 염두에 두고 하는 말 같았지만, 조지 오웰의 소설 『1984』에서 'unperson'은 국가가 기억을 삭제해버린 인간을 뜻한다. 그에게 이런 말을 해주고 싶었지만 그럴 기운이 없었다.

점점 정신이 희미해갔다. 응급실 침상에 누워 세 시간이 지나자 열이 40도까지 올랐다. 혈압은 90/50, 80/40, 75/30, 70/30으로 급격히 떨어졌다. 나는 생사를 오가는 중이었다. 패혈증은 사람을 죽이는데, 나는 패혈증 치료를 받지 못하고 있었다.

내가 이렇게 생사의 기로에 있을 때도 커튼 너머에서 들려오는 소리는 그칠 줄을 몰랐다. 내 감각은 그 모두에 반응했고, 내 두뇌는 주변 사람들이 떠드는 소리들을 단어로 만들었다. 하지만 더 이상은 생각으로 그 자극들을 걸러낼 수 없었다. 나는 제정신이 아니었거나, 정신을 차릴 만큼의 내가 남아 있지 않았다. 경찰관들의 대화 소리가 쉼 없이 밀려들었다. 술에 취한 비명소리, 병실 바닥에 끌리는 신발 소리, 자동문 여닫히는 소리, 그 문을 열기 위해 한 손으로 버튼 때리는 소리, 문에 침대가 부딪히는 소리 들도 마찬가지였다. 내 침상의 커튼이 지나다니는 사람들의 몸을 따라 펄럭이거나 그 너머에서 새어 들어오는 찬바람에 나부꼈다.

○

이른 새벽녘 눈을 감았을 때도 나는 여전히 흔들리는 커튼을 볼 수 있었다. 커튼은 마치 척추 없는 바다 생물체가 파도에 넘실대듯이, 좌우로 일렁이며 최면을 걸듯 규칙적으로 움직였다. 커튼 색깔은 노란색에서 황토색으로 진해졌다. 커튼 바깥쪽 반짝이는 하얀 불빛은 짙은 검정색의 커튼 테두리로 바뀌었다.

12월 29일 새벽 1시경에서 6시경까지 다섯 시간 동안, 나는 힘겹게 의식을 붙잡고 있었다. 눈을 감을 때마다, 일렁이는 황토색 커튼이 신호를 보냈다. 나는 눈을 뜨고 있으려고 애썼다. 내 뒤쪽에 있는 혈압 계기판에 신경을 집중했다. 하지만 바이털 사인들로부터 돌아와 커튼을 향하면 그때마다 결국 눈이 감겼다. 그러면 커튼 색깔은 황토색으로 바뀌었고, 그 일렁임은 하나 가득 관능적으로 변했으며, 나는 기억을 떠올리곤 했다.

내 삶이 통째로 눈앞에 펼쳐진 것은 아니었다. 그보다는 기억을 억누르려는 내 능력이 와해된 쪽에 가까웠다. 어린 시절의 몇몇 이미지들이 내게 충격을 가하며, 무겁게 떠올랐다. 나는 더 이상 그것들이 다른 기억이나 새로운 상념에 자리를 내어주도록 힘을 쓸 수 없었다. 그 생생한 이미지들의 심판관이 아니라 목격자가 되는 일은 낯설었다.

성년기의 기억들은 내게 벌어진 사건들보다는 다른 사람들로부터 배우게 된 것들과 관련이 깊었다. 읽고 있는 글에 집중할 때 내 기억력은 꽤 좋은 편이다. 나는 삼사십 대의 대부분을 홀로코스트나 독일의 다른 범죄, 스탈린 치하의 집단 발포와 굶주림, 인종말살, 그리고 다른 참사들을 다룬 일인칭 기록들을 읽으며 보냈다. 이 경험들 역시 지금, 부르지도 않았는데, 무수한 잽을 날리며 나를 찾아들었다. 차례차례, 이 책 다음 저 책이, 이 문서 다음 저 문서가, 이 사진 다음 저 사진이.

한 우크라이나 소년은 지하 병영에서 죽느니 허허벌판에서 굶어 죽겠다고 한다. 한 폴란드 병사는 살해될 경우 강탈당하지 않으려고 결혼반지를 숨긴다. 한 유대인 소녀는 예배당의 벽을 긁어 어머니에게 메시지를 남긴다. "엄마에게 쉬지 않고 입을 맞춰요." 내 안의 무언가가 아이 없는 우크라이나 농부들이 입양한 유대인 고아 앞에 멈춰 서게 했다. 그들은 "너는 우리한테 딸이나 마찬가지일 거야"라고 말했고, 그 아이는 그것을 기억했고, 나도 그것을 기억했다. 내 안의 무언가가 유대인들을 자신의 집에 숨겨주었던 한 사람의 이야기 앞에서 머뭇거리게 했다. 그 여성에게는 그런 일을 하면서도 대수로운 일이 아니라는 듯 행동하는 특별한 재능이 있었다. 침착함. 실존적 침착함. 내가 지난 25년간 주기적으로 응시했던 어떤 사진 한 장이 다시 내 눈앞에 떠올랐다. 차분함이 넘쳤던 완다, 폴란드 유대인 여성. 완다는 1940년 바르샤바의 게토로 가라는 독일의 명령을 거부하고 자신의 두 아들을 전쟁이 끝날 때까지 지켜냈다. 남편이자 아이들의 아버지는 살해됐다.

그렇게, 기억에 떠오른 말과 이미지 들의 흑백 사진이, 그리고 이를 배경으로 황토색 커튼의 일렁임이, 멀지도 가깝지도 않은 곳에서, 이 세상도 저 세상도 아닌 곳에서 이어졌다. 나는 다른 이들과 함께 있었다. 처음엔 죽은 사람들과의 만남이 불편했지만 그 마음은 차차 사라졌다. 그들은 내게 깨달음을 준 사람들이었다. 어떤 식으로든 나는 그들이 기억하는 것을 기억했다. 완다의 둘째아들은 자라서 역사학자가 되었고, 어머니가 그를 게토에서 구한지 55년 뒤에 내 박사논문을 승인했다. 그로부터 20년이 지난 뒤, 나는 그의 어머니가 했던 일의 기록을 찾았고, 직접 그 일에 관한 글을 썼다. 삶은 사람들 안에서만 머물지 않는다. 사람들을 통하여 이어진다.

마음에 들지 않았던 것은 그 황토색 커튼이었다. 그것은 죽음으로 향하는 거부하고 싶으면서도 매혹적인 행로였고, 나는 그 행로가 두려웠다. 나는 내 병상일기에 커튼을 그려 넣지 않았다. 너무도 생생하게 기억하기 때문이다.

○

12월 29일 아침나절까지도 나는 제대로 된 치료를 받지 못했다. 약물 덕에 혈압이 꽤 올라왔지만, 의미 있는 조치는 취해지지 않았다. 의사와 간호사 들은 한 번에 단 몇 초 이상은 나에게 쓸 수 없었고, 내게 눈길도 거의 주지 않았다. 그들은 혈액 검사를 했고, 검사 결과를 잊었고, 잘못 기록했으며, 어딘가로 자꾸 사라졌다. 의사와 간호사 들의 끝없는 정신없음, 이것이 우리 질병의 증세 중 하나다. 모든 환자에게 이야기가 있건만 아무도 귀 기울이지 않는다.

2주 전, 맹장수술 당시, 다른 의사들이 내 간에서 병변을 발견했다. 그러나 그들은 이를 나 몰라라 한 채 치료도 재검사도 하지 않았고, 다른 검사를 지시하거나 심지어 거론하지도 않았다. 나는 수술 다음 날인 12월 16일 퇴원 조치됐는데, 항생제도 변변히 받지 못했거니와 2차감염에 대한 주의도 듣지 못했다. 손발이 욱신거리고 마비 증세가 와서 12월 23일 플로리다의 병원에 입원했을 때, 나는 내 간 상태를 의사에게 알려야 하는지 알지 못했다. 다시 한번 나는 하루 만에 퇴원하게 됐다. 12월 29일 뉴헤이븐의 응급실에서는 내 상태가 맹장이나 최근 한 수술과 관련 있을 가능성을 모두가 묵살했다. 뉴헤이븐의 의사들은 자신들의 동료가 무언가 과오를 저질렀다는 생각은 할 수 없는 모양이었다. 팔이 안으로 굽는 이런 식의 사고는 스트레스 상황에서 우리 모두가 저지르는 초보적인 실수다.

뉴헤이븐의 의사들은 결국 플로리다의 의사들이 실수를 저질렀을 거라고 생각했다. 내게 모종의 세균감염이 있다는 사실이 분명해지자, 플로리다에서 시행한 허리천자로 인해 수막염이 발생했을 거라고 의심한 것이다. 그렇게 해서 뉴헤이븐의 의사들은 두 번째 허리천자를 시행했는데, 내 등에 구멍을 뚫어 척수액을 찾는 동안에도 그들은 정신이 산만했다. 수련의는 명백한 실수를 저질렀다. 지난번 천공으로 인한 상처 부위, 다시 말해 감염 부위로 추정되는 곳을 관통해 내 척수를 뚫었던 것이다. 곁에 있던 담당의가 수련의에게 바늘을 도로 빼라고 지시했다. 휴대전화를 너무 가까이 두면 사람들은 거의 모든 업무에 훨씬 소홀해진다. 두 의사 모두 휴대전화를 켜둔 상태로 가까이 두고 있었다. 나는 그때, 얼굴은 벽을 향하고 등을 구부린 채 침상에 모로 누워 있었다. 그런데도 이것을 기억하는 이유는 시술이 진행되는 동안 그들의 휴대전화가 세 차례나 울렸기 때문이다. 첫 번째 벨 소리가 가장 기억에 남았다. 내 척수의 두 번째 지점에 긴 주삿바늘을 다시 꽂은 직후, 수련의가 휴대전화 벨 소리에 화들짝 놀랐기 때문이다. 등을 구부린 채 누워 있던 나는 움직이지 않기 위해 사력을 다했다.

　내 육신은 의사들의 끝없는 정신없음에 생사를 내맡긴 처지가 되었다. 내 친구는 맹장수술을 집도한 의사에게 전화를 걸었다. 의사는 간 병변에 대해 기억하지 못했고, 그때는 물론 그 어떤 때에도 그것이 기록에 있었다는 언급을 하지 않았다. 응급실에 있던 담당의와 수련의가 정신이 없지 않았다면, 그들은 시간을 내어 나의 이전 수술 기록을 들여다보고, 간 문제를 인지하여, 내게 두 번째 허리천자를 하지 않았을 것이다. 그들이 나와 조금만 더 오래 얘기를 나눌 수 있었다면, 나는 지금 벌어지는 상황의 중요한 실마리인 내 간 효소치 증가가 명시된 플로리다 기록을 보여줄 수 있었을 것이다. 심지어 그 결과치에 동그라미까지 쳐놓았는데, 나는 누구의 주의도 끌지 못했다. 허리천자를 시행하기 전에 휴대전화를 무음으로 해놓았다면, 그들은 내 척수에 바늘을 들쑤시는 수고 없이도, 필요하다고 판단되는 조치들을 취할 수 있었을 것이다. 발생한 여타의 모든 일들처럼, 이것은 내가 운이 나쁘기 때문이 아니었다. 의사들이 쫓겨 허둥대며 실수를 저지르게 되는 시스템의 본질이 문제였다.

내 패혈증은 오래도록 방치됐다. 영국의 국민건강보험공단은 패혈증 환자에게는 발병 후 한 시간 이내에 항생제를 투여할 것을 권고한다. 의사인 내 장인은 의사가 직접 투여를 관장해야 한다고 배웠다. 내 경우엔 그 믿을 수 없는 두 번째 허리천자를 받은 후까지 여덟 시간을 기다려야만 했다. 검사 결과가 음성으로 나온 뒤 아홉 시간이 지나서야 커튼이 걷혔고 내 침상은 응급실 한구석에서 나와 수술실로 들어갔다. 누군가가 마침내 맹장수술 당시 찍은 내 초음파 사진들을 들여다보았고 무시됐던 간 문제를 알아냈다. 새로 찍은 사진은, 방치된 2주 동안 내 간의 농양이 엄청나게 커져 있음을 보여주었다. 나는 긴급하게 배액술을 받은 다음 병실로 옮겨졌고, 거기서 분노하고 공감하며, 2019년의 마지막 이틀과 2020년의 첫날들을 보내게 되었다. 수술 후 처치에 문제가 있었기 때문에 나는 또 다른 간 수술을 받아야 했고, 두 차례의 배액을 겪어야 했다.

몇 주 후 나는 몸에 아홉 개의 새로운 구멍이 뚫린 채 퇴원했다. 맹장수술로 세 군데, 간 농양 배액으로 세 군데, 허리천자로 두 군데, 그리고 주사를 꽂아 항생제가 주입되는 튜브를 끼우기 위해 팔에 한 군데. 내 손발은 여전히 욱신거렸는데, 신경과 주치의 말로는 면역체계가 엄청난 위협에 대응하는 과정에서 신경세포가 손상된 것이 원인이었을 거라고 한다.

이 글을 쓰는 와중에도 나는 여전히 치료를 받고 있다. 약을 먹고 검사를 받고 병원에 다닌다. 내게 글쓰기는 치료의 일환이다. 나 자신의 병이 의미가 있는 것은, 그것이 우리가 걸린 더 광범위한 질병을 이해하는 데 도움이 될 때뿐이기 때문이다. 나는 내가 있지 말았어야 했을 장소들을 기억한다. 내게든 다른 누구에게든 일어나지 말았어야 했을 일들을 기억한다. 나는 그것을 납득하고 싶다.

뉴헤이븐의 병원에서 퇴원한 뒤, 나는 응급실에 있을 때 아내와 내가 나를 도와줄 수 있는 힘 있는 사람들에게 연락하지 않은 것에 동료들이 굉장히 놀랐다는 말을 들었다. 우린 그런 생각을 하지 않았다. 만약 시스템이 그런 식으로 작동하고 있다면, 그렇게 작동하지 말아야 한다. 만약 재력과 연줄로 의료보장을 누리는 사람들이 있다면, 그들은 우쭐할 것이다. 자신들은 누릴 수 있고 다른 사람들은 누릴 수 없기 때문이다. 그런 느낌은 건강에 대한 우리 인간의 관심을, 민주주의를 좀먹는 암묵적이지만 심각한 불평등으로 변질시킬 것이다. 거의 모든 선진국가에서 그러하듯, 누구나 최소한의 비용으로 적절한 의료보장을 누릴 수 있어야, 동료 시민들을 평등하게 바라보는 것이 더 쉽게 가능해진다.

미국의 질병의 한 부분은 "모든 인간은 평등하게 태어났다"는 언명을 진지하게 받아들이는 일이 미국 어디에도, 심지어 삶의 경우에도, 심지어 죽음의 경우에도, 존재하지 않는다는 점이다. 의료보장이 모두에게 가능해진다면 우리는 신체적으로 더 건강해질 뿐만 아니라 정신적으로도 더 건강해질 것이다. 우리의 생존이 남과 비교되는 경제적 사회적 위치에 좌우된다는 생각을 하지 않게 될 터이니, 우리의 생은 덜 불안하고 덜 쓸쓸할 것이다. 우리는 지극히 더 자유로워질 것이다.

건강은 생존에 있어 너무나 기본적인 요소이기 때문에 의료보장에 대한 신뢰는 자유를 이루는 중요한 일부이다. 만약 필요하면 언제든 치료받을 수 있다고 믿는다면, 사람들은 자신들의 마음과 재능을 다른 문제들에 쏟아 더 자유로운 선택을 하고 더 큰 행복을 추구할 수 있다. 반면 의료보장을 특혜라고 여긴다면, 그때는 혜택의 안쪽에 있는 사람들이 그 바깥에 있는 사람들의 고통에서 즐거움을 얻기 시작한다. 의료보장이 보편적 권리가 아니라 특별한 혜택이 되면, 혜택받는 사람들을 비인간적으로 만들고 혜택받지 못하는 사람들을 죽음에 이르게 한다. 모든 이가, 종국에는 으레 그런 것으로 여겨지게 될 가학적 시스템에 빠져들게 된다. 개인으로서 행복을 추구하기보다, 모두 함께 집단적 고통을 만들어내게 된다.

따라서 우리 미국의 질병은 모두의 문제이다. 우리는 모두 집단적 고통에 동참하고 있다. 형편이 나은 사람들은 덜 그러한 이들에게 해를 끼치고 있다. 의료보장이 경쟁이 되어버리면, 승자는 다른 사람들에게 잘못을 저지르게 되는 한편으로, 그들이 받는 보장 역시 더욱 안 좋아진다. 상대적인 우위에 우쭐해 정신을 잃는 바람에, 다른 이들에게 해를 끼침으로써 스스로에게 또한 해를 가하고 있다는 사실을 깨닫지 못할 뿐이다. 의료보장이 보편적 권리가 된다면, 우리는 '모두 다' 더 나은 치료를 받을 수 있고, 다 함께 집단적 고통에서 해방될 것이다. 의료보장은 우리의 몸을 위해서도, 우리의 정신을 위해서도, 특혜가 아니라 권리가 되어야 한다.

∘

퇴원 이후 코로나 팬데믹으로 인해 대학이 문을 닫게 되기까지 며칠 동안, 나는 연구실에 나갔다. 나는 내 병상 일기를 복사해서 안전한 곳에 보관하고 싶었다.

나는 연구와 출장으로 정신없이 보낸 지난 세월들, 책상 위에 놓인 파일들과 바닥에 쌓인 책들을 물끄러미 바라보았다. 몇 달 동안 자리를 비운 터라 그 모든 것이 조금 낯설게 보였다. 나는 모든 것을 정돈해야겠다고 느꼈다. 달리 많은 일을 하기에는 내 몸이 너무 약했다. 책 몇 권을 책꽂이에 꽂고, 파일 몇 개를 정리하고 나니 누워 있어야 했다. 죽음에서 뒷걸음쳐 나온 나는 내가 하고 싶은 일과 내가 할 수 있는 일 사이의 간극을 메울 수 있는 쉬운 방법을 찾고 있었고, 서가와 서류를 정리하는 일이 그 하나였다. 서류들을 이리저리 정리하면서 나는 또한 기억들을 제자리에 돌려놓고 싶었다. 마음속에서 황토색 커튼을 몰아내고 싶었다. 눈을 감을 때 눈앞에 떠오르는 것을 제어하고 싶었다.

휴식을 취하며 책장을 바라보면서, 나는 내가 글로 썼던 사람들의 경험, 대량학살의 희생자들과 생존자들의 경험을 반추하기 시작했다. 나는 주저 없이, 한 치의 의구심도 없는 의도를 가지고, 사람의 목숨을 앗아갔던 정책들―총살, 아살, 가스실 살인―에 관한 책을 써왔다. 나보다 훨씬 이전에 다른 사람들도 그리 생각했겠지만, 나 역시 건강을 의도적으로 빼앗는 일은 이런 정책들과 연관된 해악이라는 생각이 들었다. 사람들이, 치료받고 회복되어야 하는 동료 인간이 아니라 단지 어떤 질병의 근원으로 여겨질 수 있겠다는 생각. 사람들을 건강 상태에 따라 분

류해, 어떤 다른 집단의 보다 큰 이익이라는 미명하에 일하다 죽게 만들 수 있겠다는 생각.

내 연구실의 책장 하나는 나치 치하의 독일과 유대인 대학살에 할애되어 있다. 거기 있는 책 한 권에는 아돌프 히틀러의 편지, 저술, 연설문이 담겨 있다. 히틀러가 쓴 첫 번째 반유대주의 편지에서, 그는 유대인들을 "인종적 폐결핵"이라고 언급했다. 인플루엔자 팬데믹의 와중에, 히틀러는 인간 존재를 전염체로 칭했던 것이다. 히틀러가 권력을 잡자, 나치 정권은 유대인이 건강한 독일 국민 사이에 병을 퍼뜨리고 있다고 비난했다. 2차 세계대전 중 나치는 유대인을 "발진티푸스 세균"이라고 불렀다. 아무런 치료 없이 게토에 가둠으로써 그들은 유대인들을 실제 병들게 만들었다. 유대인 게토를 구경하러 온 독일 관광객들은 질병을 볼거리로 만들었다. 유대인이 병에 걸리면 나치는 그것을 구실로, 그들을 서둘러 처치해야 한다는 논리를 폈다. 히틀러는 유럽에서 유대인이라는 세균을 근절시켰다며, "종기를 제거했다"고 으스댔다.

우리가 나치의 유대인 대학살을 최악의 악의로 여긴다

면, 최고의 선의는 과연 무엇일까? 우리가 히틀러의 말과 행위를 성토하려면, 우리 자신의 말과 행동은 어떠해야 하는 것일까? 나치는 '병'이라는 것을 인간과 인간 이하의 존재, 인간과 인간 아닌 존재로 나누는 수단으로 삼았다. 우리가 타인을 질병의 보균자로, 우리 자신을 건강한 피해자로 여기고 만다면, 우리는 나치와 하등 다를 바가 없다. 나치의 악행들에 진정으로 반대하려면, 우리는 그 악행의 정반대, 즉 선의를 향해 나아갈 길을 고민해야 할 것이다. 그 노력의 일부가 바로, 모든 인간은 질병에 걸릴 수 있으며 평등하게 치료받을 권리가 있음을 받아들이는 일이다.

내 연구실의 또 다른 책장은 강제수용소를 연구한 책들에 할애되어 있다. 대체로 강제수용소 관리자들은 상대적으로 건강한 사람들은 우대하고 상대적으로 병약한 사람들은 박대한다. 인간의 존엄과 인간의 생명에 대한 배려가 사라진 이상, 얼마나 많은 노동력을 이끌어낼 수 있는지가 중요할 뿐이다. 스탈린 시대의 수용소군도는 바로 이러한 역전된 치료 논리에 따라 운영되었다. 소비에트 관리들은 죄수들을 경제 단위로 여겼기 때문에 병의 치료는 생산성을 높일 수 있는 셈법에 기준해 시행됐다. 의료적 관심은 누가 더 장시간 착취될 수 있는지, 누가 곧 버려져야 하는지 파악하는 것을 의미했다. 상대적으로 건강한 죄수들은 그들이 생산성을 유지하는 한 보살핌을 받았지만, 상대적으로 병약한 죄수들은 죽게 내버려두거나 때로는 수용소 밖에서 사멸하도록 캠프에서 방출되었다. 그렇게 해서 그들은 인원수에서 제외되었고 기록에 남지 않게 되었다.

우리가 강제수용소를 최악의 참상이라고 생각한다면, 최고의 선의는 과연 무엇일까? 이 물음에 대한 대답의 일부는, 생산성과 이익성에 대한 판단에 상관없이, 모든 사람이 평등하게 치료받을 권리가 있음을 인정하는 일이다. 그것이 미국인을 포함한 수많은 지혜로운 사람들이 20세기의 참상들로부터 이끌어낸 결론이다.

질병을 치료받는 의료보장이 권리라는 개념은 오늘날 미국인들에게 생소할 수 있다. 그렇지만 미국은 공식적으로 70여 년 넘게 그러한 권리에 헌신해왔다. 2차 세계대전에서 나치 독일이 패한 뒤, 그리고 미국이 소련과 기나긴 냉전을 치르는 동안, 미국인들은 의료보장을 누릴 인간의 권리를 천명한 협약들의 초안을 잡고 인준하는 일을 도왔다.

1946년에 창립된 세계보건기구의 〈헌장〉은 다음과 같이 천명한다. "가능한 최고 수준의 건강을 누리는 것은 인종, 종교, 정치적 신념, 경제적 혹은 사회적 조건의 구분 없이 모든 인간이 가지는 기본 권리 중 하나이다." 1948년의 〈세계인권선언문〉 25장은 이렇게 천명한다. "모든 인간은 의식주와 의료보장, 필수적인 사회서비스 등을 포함해, 그 자신과 가족의 건강과 복지에 합당한 생활수준을 누릴 권리가 있다." 대다수 국가들의 헌법은 의료보장의 권리를 신성시한다. 이들 국가의 목록에는 미국이 2차세계대전에서 패배시킨 뒤 새로운 헌법을 세우는 데 영향력을 행사했던 일본과 독일 또한 포함되어 있다. 그런데 오늘날 독일인들과 일본인들은 미국인들보다 더 오래 더 건강하게 살아간다.

미국은 전 세계에 걸쳐 의료보장이 인권으로 확립되는

데 기여했다. 그런데 왜 정작 미국에서는 의료보장이 인권으로 여겨지지 않는 것일까? 어째서 미국인들은 미국 정부가 조인했던 협약들의 보호를 받지 못하는 것일까? 다른 민주국가의 시민들이 우리에게는 거부된 권리를 누리면서 우리보다 더 오래 더 건강하게 살아가는 현실을 그저 바라보고 있어야만 하는가? 많은 미국인들이 그 현실을 수긍할 수 있다고 느끼는 것 같다. 대체 왜?

○

나는 우리의 자살충동이 고독과 연대 사이의 점증하는 불균형, 그리고 공감 능력으로 균형을 맞추지 못하게 되면 우리의 자유를 긍정하기보다 오히려 좀먹게 되는 분노와 상관이 있다고 생각한다. 내가 어디 출신인지, 내가 이 삶의 위기를 겪기 전까지 아플 때 태도가 어땠는지 돌이켜보자, 이러한 불균형의 근원들 중 하나를 어렴풋이 깨닫게 된다.

병상일기에 나는 내 아이들이 나를 기다리고 있던 집과

오하이오주에 있던 헛간 그림을 그려놓았다. 나는 농부였던 내 아버지의 아버지보다 55년 뒤에 태어났다. 꽤나 튼튼한 아이였지만, 내 할아버지의 팔뚝은 나보다 두 배는 더 튼실했다. 할아버지의 손과 팔뚝에는 핏줄이 불거져 있었다. 할아버지가 두 손으로 내 팔목을 잡으려 들면 나는 옴짝달싹할 수 없었다. 농장 기계를 다루다 생긴 사고 때문에 손가락 한두 개를 잃었지만, 아무런 상관도 없어 보였다. 어머니의 아버지인 내 외할아버지 역시 농부였다. 뭘 만들 수 있고 뭘 고칠 수 있는지 말씀은 안 하셨지만, 외할아버지는 못 하는 게 없는 듯했다. 외할아버지는 트랙터를 몰다 돌아가셨다. 어쩌면 내 할아버지 두 분도 일하는 삶을 살면서 고통을 호소했을 것이다. 그렇지만 나는 그분들이 불평하는 모습을 상상할 수가 없다. 어느 누구도 내게 대놓고 아프다는 말을 하지 말라고는 안 했지만 나는 아주 어려서부터 이를 터득했다. 여덟 살 무렵, 아버지의 나무 썰매에 얹힌 오래된 떡갈나무를 밀어 내려다가 왼쪽 팔목에 골절상을 당했을 때 나는 (엑스레이 사진을 보기 전까진) 아무 소란도 떨지 않았다.

10여 년이 흐른 뒤 나는 워싱턴시에 있는 한 운동장에서 야구 시합을 하다가 왼쪽 발목을 접질렸다. 어쩌면 부러졌을 수도 있다. 나는 발목에 부목을 대어 붕대를 감았고, 며칠 누워 있다가 목발을 짚고 여름 내내 일하러 다녔다. 그때 나는 돈도 없고 보험도 없어서 엑스레이를 찍어 볼 생각은 꿈도 못 꿨다. 나중에 같은 데가 또 부러졌는데 그때는 보험이 있었고 그래서 치료를 받았다. 이삼십 대를 거치는 동안, 갈비뼈에 일곱 번 금이 갔다. 다섯 번은 농구장에서 다른 사람 팔꿈치에 그랬고, 두 번은 파리의 발드그라스 성당에서 넘어지다가 내 팔꿈치에 그랬다. 리바운드 된 공을 잡으려다 손가락 하나가 탈골됐고, 발가락 부러진 횟수 헤아리는 건 그만둔 지 오래다. 이 모든 일은 등뼈가 부러지고, 골다공증 판정을 받기 전의 일이었다. 이제 나는 나이가 들었지만, 썩 괜찮은 의료 상담 덕분에 뼈 상태는 호전되었다.

나는 대학교 2학년 때 밤새워 연구 프로젝트에 몰두하고 난 이후 처음으로 편두통을 앓았다. 1991년 영국으로 유학을 갔을 즈음 편두통은 주기적으로 찾아왔다. 통증은 무시해봐야 아무 소용이 없었다. 자기 머리로부터 거리를 두기는 불가능하니까. 편두통을 멈추는 데 효과적인 약물(트립탄)이 나오기 전에는, 유럽이고 미국이고, 내가 살거나 일하는 곳에서 몇 주에 한 번씩 응급실을 전전했다. 때때로 나는 통증 때문에 정신을 잃기도 했다. 약을 먹기 시작하자 응급실을 찾는 횟수가 몇 달에 한 번으로 줄어들었다.

2019년 12월 몸이 아팠을 때, 통증을 대하는 내 소극적 태도는 도움이 되지 않았다. 복부 통증은 독일에 출장을 가 있는 동안 시작되었다. 나는 뮌헨에서 한밤중에 급히 택시를 불러 병원으로 데려다달라고 했다. 나는 거기 있는 의사들에게 내가 얼마나 아픈지 제대로 전달하지 못했다. 나는 멀쩡해 보였고 그다지 불평도 하지 않았기에 퇴원 조치됐다. 독일 의사들은 내가 바이러스에 감염되어 복부가 한동안 아플 거라고 생각했다.

맹장이 터졌을 때 나는 무슨 일이 벌어졌는지 깨닫지 못했고 통증을 무시했다. 어쨌든 내가 바이러스에 감염되었고 한동안 아플 거라는 얘길 들었기 때문이다. 나는 독일에서 예정되어 있던 일을 마쳤고, 구멍 난 맹장과 함께 미국으로 날아왔다. 집에서 이틀 동안 피로감에 시달린 뒤, 나는 병원으로 갔고 맹장수술을 받았다. 터진 맹장이 이미 내 간에 염증의 씨앗을 심은 뒤였고, 그것이 수술 전에 찍은 사진 위에 선명하게 보였다. 독일 의사들은 보아하니 내 맹장염을 방치했다. 미국 의사들은 분명 내 간의 염증을 무시했다. 그렇지만 그 중간쯤 어딘가에서 나는 내 몸의 통증에 대해 제대로 얘기하지 못했던 것이다.

고통에 대한 인내는 내 생명을 구해준 분노와 동일한 데서 생겨난다. 인내심 덕분에 나는 내게 소중한 일들을 해낼 수 있었다. 그러나 침묵 속에 고통을 참는 일은 취약성, 내가 다른 미국인들과 공유하고 있다고 여기는 그 취약성을 또한 생겨나게 한다. 어느 누구도 극심한 고통을 무한정 참을 수는 없다. 알약이 있다면 우리는 모두 언젠가는 그 약을 복용한다. 자신의 고통에 관해 얘기할 사람이 아무도 없고 여타 다른 형태의 치료를 받을 수 없다면, 우리는 그 약을 계속 복용하게 될 것이다. 그렇게 되면 일상적으로 고통을 참는 일은, 우리도 모르는 사이, 일상적으로 약을 복용하는 일이 되어버린다. 변하지 않는 것이 있다면, 사람 사이 접촉의 결핍이다. 수백만 명이 지금껏 그래왔듯, 우리는 고통에 대해 침묵하다가 중독에 대해 침묵하는 상태에 빠질 수 있다.

병원에서 세 번의 수술을 받은 뒤, 나는 옥시코돈을 처방받았다. 나는 먹지 않았다. 수술받는 동안 내 곁에 있었던 내 의사 친구와 아내가 주고받은 문자 메시지를 지금 읽다 보니, 두 번째와 세 번째 배액술 때문에 내 피부와 복부 내벽에 구멍이 뚫린 뒤 오고 간 내용이 있다.

"진통제 복용에 관해 한 번 더 얘기해보려고. 이이가 원래 마약성 약물을 좀 조심스러워하거든."

"마시, 티머시가 원할 때만 줘. 나 역시 마약성 약물은 신경이 쓰여."

내가 그러는 데는 여러 가지 이유가 있다. 등뼈가 부러졌을 때 섭취한 적이 있는데, 깨어 있는 것도 아니고 잠이 든 것도 아닌 기분이 됐고 그 느낌이 너무 싫었다. 수술을 몇 차례 겪어야만 했던 물리학자인 내 동생은 마약성 약물이 수술이나 마취보다 뇌에 더 부담이 된다고 말한다.

무엇보다 옥시코돈을 볼 때마다, 나는 미국 애팔래치아 산맥과 중서부 지역에 걸쳐 자동차 조수석 앞 수납함과 연장통 안에, 그리고 쿠션들 밑에 감추어져 있을 그 약병들이 떠오른다.

수십 년에 걸쳐 현명한 의사들은 내게 의료보장이란 통증과 알약이 다가 아니라고 알려주었다. 1992년 런던에서 내 편두통을 치료하던 한 의사는 내게 "사람들의 보살핌을 받으세요" 했다. 그때는 그 말이 이상하게만 들렸다. 1994년에서 1995년까지 1년 동안 공부하면서 혼자 지낸 파리에서는 편두통이 너무 심해져서 시력이 떨어지기 시작했다. 책과 문서 들을 읽을 수 없고, 심지어 텔레비전을 보면서 머리를 식힐 수조차 없게 되자, 나는 내게 문제가 있음을 깨달았다. 어느 날 밤, 신호등도 지도도 볼 수 없는 상태로 비틀비틀 병원으로 향할 때, 나는 "어질어질하다" "별이 보인다" 같은 프랑스 말을 연습하고 있었다.

나중에 나는 파리에서 신경과 의사를 찾아갔다. 돈이 얼마 없었지만 진료비가 비싸지 않았다. 그 병원에 갈 때 나는 에펠 탑을 거쳐가는 버스를 탔다. 나는 늘 에펠 탑을 바라보곤 했다. 뒤이어 버스에 탄 파리 시민들로 눈길을 돌렸는데, 그들 중 단 한 사람도 아주 잠깐이라도 에펠 탑에 눈길을 주는 이가 없었다. 나를 섬세하게 진찰하고 여러 검사를 마친 뒤 신경과 의사는 내 상태가 악화된 이유가 사랑하는 사람들과 떨어져 있기 때문일 거라는 소견을 냈다. 젊었던 나는 그가 전형적인 프랑스인이거나, 아니면 나를 놀리는 것이라고 생각했다. 그의 말에 일리가 있음을 깨닫게 된 것은 한참이 지난 뒤였다.

2000년대와 2010년대 유럽에서 내가 편두통 때문에 신경과 의사들을 찾았을 때는 이미 진통제가 나온 뒤였다. 나는 그들이 그냥 처방전을 써주고 나를 보내주길 바랐다. 그렇지만 유럽의 의사들은 내가 어떤 삶을 살아왔는지 얘기를 나누고 싶어했다. 단지 편두통을 촉발시킨 문제들뿐만이 아니라 내가 중요시하는 것들, 내가 하는 일에 대해 얘기하고 싶어했다. 오스트리아 빈의 내과 의사는 긴 대화를 진짜로 성의 있게 나눌 줄 아는 신경과 의사에게 나를 보냈다. 그는 자신이 만약, 내가 먹지도 마시지도 못하는 것들, 그러니까 슈니첼과 포도주 같은 것들을 피해 살아야 한다면 사는 낙이 없을 거라는 말로 나를 웃게 했다. 몇 년 전 한밤중에 베를린의 응급실에 있었을 때는, 한 여성 의사가 한 시간 가까이 침대맡에 앉아서 내게 하루를 어떻게 보냈느냐며 말을 거는 통에 적잖이 당황했다. 그는 내가 원한 약과 밤새 문을 여는 근처 약국에서 약을 살 수 있는 처방전을 주기도 했지만, 더불어 내가 어쩌다 한밤중에 낯선 나라의 병원을 찾는 사람이 되었는지에 대해 나와 생각해보고 싶어했다.

프랑스 사람들, 오스트리아 사람들, 독일 사람들도 우리와 똑같은 약을 먹지만 덜 비쌌고 구하기도 쉬웠다. 독일에서는 아무 약국에서나, 심지어 공항이나 기차역에서도 내가 시간을 들여 그 약이 필요한 이유를 약사에게 설명하기만 한다면 2유로 정도에 처방전 없이 편두통 약을 구할 수 있다. 그 모든 일 하나하나가 여기 미국에서는 불가능하다. 미국에는 뭐 대단한 약물이 있고 유럽에는 없어서가 아니다. 유럽의 의사들은 처방전을 써주는 일 말고도 뭔가를 해줄 수 있는 여유가 있다는 게 다르다. 나는 실제로 짬을 낼 수 있는 의사들, 자신의 환자들과 함께 생각해보려 하는 의사들, 진짜 신경 쓰는 것 같은 의사들을 존경하게 되었다. 또한 그들이, 그 모든 일을 가능하게 하고 권장하는 시스템 속에서 일하고 있다는 것도 깨닫게 되었다. 그런 시스템은 우리의 시스템보다 효율적일 뿐만 아니라 비용도 덜 든다.

미국에서는 불가능한, 내가 운 좋게도 누릴 수 있었던 이 모든 보살핌 덕분에 나는 알약과 고통을 뛰어넘는 대안이 존재함을 깨닫게 되었다. 의사 진료가 15분 이상 지속되고, 의사들이 화면이 아니라 환자들을 보게 된다면, 환자들의 이야기를 듣고 이해하는 일이 가능하다. 약 처방은 중요하지만 분명히 한계가 있다.

어느 해의 마지막 날 뉴헤이븐의 병원에서, 간호사가 내 편두통 주사를 잘못 처치해서 지방조직(피하주사)이 아니라 혈관(정맥주사)에 직접 놓는 일이 있었다. 마치 어릴 때 벽 전기콘센트에 감전되었던 때처럼 어질어질했는데, 그때보다 오래간 게 달랐을 뿐이다. 그 때문에 나는 급하게 심전도 검사를 받아야 했다. 그 사건으로 인해 나는 진통제인 트립탄이 항시 심장에 부작용을 일으킬 소지가 있다는 사실, 그리고 의사들이 내 복용량을 줄이기 위해 애써왔음을 다시 한번 되새기게 되었다. 병원에서 퇴원한 뒤로 나는 편두통에 대해 지난 몇 년간 들었던 훌륭한 권고들을 보다 진지하게 받아들였다.

얘기할 시간이 있는 사람이 전혀 없고, 다른 대안을 찾을 도리가 없게 되면, 우리는 고통과 알약 중 하나를 선택해야 한다고 느끼게 된다. 의약품 광고가 건강 정보의 주요 출처인 이 나라에서는 고통은 어디까지나 개인의 책임이며 약이 바로 치료라는 교훈을 거듭 학습하게 된다. 진통제가 말을 들으면 특히나 위험해지는데, 그렇게 되면 우리가 고통의 더 뿌리 깊은 원인을 방치할 수 있기 때문이다. 그렇게 해서 복용량을 늘리게 되면 곤란한 지경에 이르거나 약물이 더 이상 듣지 않는다는 것을 알게 된다. 고통을 참는 것과 스스로 약 처방을 하는 것은 모두 외로운 일이다. 자유로운 선택처럼 보일 수도 있지만, 우리를 속박 상태에 내버려두는 불균형을 만들어낸다.

미국 사람들은 통증을 부인하는 상황에서 진통제가 듣지 않음을 부인하는 상황으로 미끄러진다. 약을 먹지 않고 모든 것을 참고 견디는 상황에서 만사를 포기하고 약만 먹는 상황으로 미끄러진다. 삶이 고통과 알약 사이에서 영위된다면, 우리는 너무 많은 분노와 너무 부족한 공감, 너무 많은 고독과 너무 부족한 연대로 끝나고 말 것이다.

내 할아버지 세대보다 지금의 사정이 더 가파르다. 그 연배의 어른들은 대공황을 겪었고 2차 세계대전을 치렀다. 코로나 팬데믹으로 인해 집 안에 갇혀 있는 동안 아이들 기분을 달래준다고 아이들의 할머니 한 분이 아이들의 증조 할아버지가 태평양전쟁에 참전했던 이야기를 담은 카드를 보내왔다. 골자는 그때가 지금보다 더 힘든 시절이었다는 것이었고, 사실이었다. 하지만 전쟁 후 40년은 상위 계층으로의 사회적 유동성이 커진 시대였다. 최근 40년은 힘겨웠다. 제조업 분야 일자리 수는 1979년이 정점이었다. 오늘날 공장 일자리는 드물 뿐만 아니라 복지 혜택이나 노조 가입이 보장된 경우도 드물다. "일할 권리"라는 선전 문구는 미국인들에게 노조 없이 홀로 버텨야 한다고 가르치고, 이것은 더욱 열악한 일자리, 더욱 찾아보기 힘든 동료애, 더욱 심해진 인종차별, 더욱 보잘것없는 의료보장, 그리고 더욱 거세진 분노로 이어진다.

소규모 농업을 생계수단으로 유지하기는 점점 힘들어지고 있다. 어린 나에게 끄떡없어 보였던 농부들은 이제다른 직업군에 종사하는 사람들보다 더 많이 자살한다. 농부들을 위한 연방정부의 자살방지 상담전화는 폐지되었다. 이것은 아메리칸드림의 보루들이 거대한 규모로 붕괴되고 있는 상황의 일부일 뿐이다. 의욕에 찬 고독한 농부들을 지원으로 연대해주었던 사회복지는 산산조각이나버렸다.

육체의 강인함은 농장과 공장에서 적절한 수입을 보장했다. 고통을 참는 일은 생산성의 일환이었다. 만사를 감내하는 것이 올바른 행동일 수 있었다. 1980년대까지만해도 열심히 일하는 부모들은 자식들에게 더 나은 삶의기회가 있으리라 기대할 수 있었다. 그러나 이제 그것은더 이상 진실이 아니다. 경제가 변하고 사회복지가 약화되자, 고통이 목적을 잃고 인내가 쓸모를 잃자, 사람들은당연히 혼란에 빠졌다. 육체노동자들은 줄었지만, 사람들은 이제 더 많은 육체적 고통을 호소한다. 안타깝게도 우리의 고통은 경제의 일부, 정치 시스템의 일부가 되었다. 미국의 정치가들은 더 찬란한 미래의 비전을 경쟁하듯 펼쳐 보이곤 했다. 그러나 지금의 정치는 대부분 고통을 간청하고 고통을 조작한다.

상업적 의약품은 이런 문제의 일부이다. 1990년대에 등장한 '약 공장pill mill'은 고통을 겪든지 약을 먹든지 하라는 노골적 선택지를 제시하는 의료 시스템의 논리적 극단을 드러냈다. '약 공장'은 의사들이 대개 현찰을 받고 마약성 약물 처방만 해주는 영업 시설이다. 첫 번째 '약 공장'은 오하이오주 포츠머스시—내가 어렸을 때는 번성하는 제조업 도시였다—에 있는 할아버지의 농장에서 100킬로미터 정도 떨어진 곳에 있었다. 어떤 해에 포츠머스시를 행정 중심지로 둔 사이오터 카운티에서는 주민 8만 명이 1000만 개 분량의 마약성 약물을 처방받기도 했다. 통증은 고통받는 사람들에겐 더 이상 생산성의 일환이 아니었지만 고통을 모르는 사람들에겐 남는 장사였다.

마약성 약물은 남녀노소, 출신 배경에 상관없이 문젯거

리다. 남부 지역의 백인 여성들은 평균수명이 낮은데, 어느 정도는 이 문제 때문이다. 중년 백인 남성의 기대수명은 제자리를 맴돌고 있다. 고독한 자기희생이라는 그들의 아메리칸드림은 스러졌고, 한때 노조와 사회복지가 제공했던 연대의 손길을 잃은 그들은 원한을 품은 채 홀로 남겨졌다. 남은 것이 오직 외로운 분노뿐일 때, 우리는 망가지고, 중독되며, 그릇된 말에 현혹되고, 우리가 아끼는 사람들에게 상처를 입히다, 결국 죽게 된다. 마약성 약물은 우리가 아이들과 배우자와 친구들 혹은 다른 누군가를 염려하고 마음 쓰기 위해 필요한 정신의 영역을 장악한다.

고통과 중독을 오가는 이중의 절박함은 우리의 정치를 좌우한다. 마약성 약물로 인해 망가진 지역에 사는 사람들은 도널드 트럼프에게 표를 주었다. 2016년 11월에 트럼프가 한 카운티에서 이겼는지 졌는지를 가장 잘 예측하는 지표는 마약성 약물의 남용 정도였다. 2016년에, 이 약물 남용의 그라운드 제로였던 사이오터 카운티에서 트럼프는 2012년에 미트 롬니 후보가 얻은 표보다 3분의 1을 더 얻었다. 트럼프가 펜실베이니아주를 가져간 것은 충격이었다. 그는 버락 오바마가 4년 전 승리했던 몇몇 펜실베이니아 카운티에서 다수 표를 가져갔다. 그 모든 카운티에서는 공중보건의료가 마약성 약물 남용의 결과로 위기에 처해 있었다. 오바마가 승리했다가 4년 뒤 트럼프가 이긴 오하이오주의 사정도 마찬가지였다. 카운티 한 곳을 제외하고 마약성 약물 남용의 위기에 처해 있었다. 절박한 표수는 절박한 죽음만큼이나 수긍이 간다. 하지만 뒤에 남겨진 사람들은 고통을 겪는다. 고통을 거래하는 정치가들에게 표를 줌으로써 절박한 유권자들은 자신과 가족들, 그리고 다른 모두에 대한 보살핌을 가로막는다.

고독은 어느 정도까지는 유익하다. 자기답게 사는 법, 혼자 있는 법을 모르면 우리는 자유로울 수 없다. 그렇지만 지나친 고독은 처음엔 외로운 사람들의, 그다음엔 다른 모두의 자유를 불가능하게 만든다. 혼자만의 분노는 자유로움의 일부지만 그저 일부에 불과하다. 타인의 도움이 없다면, 우리의 분노는 더 이상 우리를 보호하지 못하고 모두를 위험에 빠지게 한다. 자긍심이 분개로 바뀔 때,

우리는 우리에게 도움이 필요하다는 사실을 잊고 오직 타인에게만 도움이 필요하다고 주장한다. 맹목적인 분노의 표출은 자유의 표시가 아니라, 분노의 표적을 제공해주는 정치가들에게 기회가 될 뿐이다. 고통에서 자포자기로, 자긍심에서 분개로 소용돌이쳐 추락하는 상황이야말로 트럼프 같은 정치가들이 포착하고 조장하는 그 무엇이다. 그들은 사람들이 고통으로 휘청대기를 바란다. 그래서 의료보장에 반대한다. 고통이 그들의 정치이며 그들의 선동은 죽음의 덫이다.

그러한 정치가들은 백인들에게 당신들은 건강보험이나 공공의료 따위는 없어도 될 만큼 자존심 강하고 강직하다고 떠든다. 그들 말에 따르면, 보험이나 공공의료는 그런 혜택을 누릴 자격이 부족한 다른 사람들, 즉 흑인들, 이민자들, 무슬림들에게 이용당할 뿐이다. 감언이설은 죽음으로 미끄러지는 내리막길에 기름칠을 한다. 미국 백인들의 귓가에는 고독한 개인으로서 고통을 마주하라는 말, 도움을 원한다는 사실을 받아들이면 당신은 자신과 조국을 배신하는 것이라는 말이 속삭여진다. 오로지 피부색 짙은 불평분자들만이 도움을 구걸한다는 말이 이어진다. 물론, 그렇게 떠드는 선출된 대표자들에겐 정부가 제공하는 건강보험이 있다. 그것이 자신들에게 효과가 있다는 것을 알면서도 유권자들에게는 딴소리를 한다. 하지만 그들이 저지르는 최악의 죄는 위선이 아니다. 의료보장을 부정하면서도 감언이설로 부추기는 일은 가학을 보태 사람을 살해한다.

집단 사망에 이르는 고통의 정치 속으로 모두가 끌려 들어가고 있다. 누릴 자격이 없는 사람들을 도와주는 일이라고 여기며 의료보장에 반대하는 일은, 누군가를 절벽 아래로 밀어버린 후 당신이 살해한 사람의 시체가 충격을 덜어줄 것이라고 생각하며 자신도 뛰어내리는 짓이나 다름없다. 자신의 권총 탄창에는 총알 한 개를 넣고 상대의 탄창에는 두 개를 장전한 채 러시안룰렛 게임을 하는 것과 다름없다. 절벽 아래로 뛰어내리지 않으면 어떨까? 러시안룰렛 게임을 벌이지 않으면 어떨까? 우리도 살고 남도 살게 하며, 모두가 더 오래 더 낫게 살아가는 건 어떨까?

고통 속에 살아가는 선택과 약을 복용하는 선택 사이에는 수많은 대안들—우리가 찾을 수 있는 의료적 보살핌, 우리를 찾아내줄 의료적 보살핌—이 존재해야 한다. 이는 병원을 더 쉽게 찾을 수 있어야 한다는 뜻이고, 건강을 위한 더 간편한 다른 치료들을 누릴 수 있어야 한다는 뜻이다. 예컨대 육체적 고통은 많은 경우 물리치료와 신체운동으로 치료하는 것이 가장 좋다. 이러한 선택지들은 사람 사이의 접촉을 요청하고, 또 제약회사와 이식수술이 원하는 손쉬운 이윤을 발생시키지 않는다. 미국의 건강과 자유를 염려한다면 우리 모두에게 보험이 있어야 한다. 모두의 보험은 고통을 더는 데 도움이 될 모든 비용을 부담해야 한다. 한 개인의 힘으로는 만들어낼 수 없지만 그로부터 모든 개인이 혜택을 얻는 시스템, 우리에게는 그런 연대의 시스템이 필요하다.

○

우리는 현재 상태가 그런대로 견딜 만하다고 여기는 심

리적 습관에 빠지기 쉽다. 고통과 죽음에서 의미를 찾는 일은 솔깃하다. 이런 식으로 선량한 사람들은, 해치고 죽이는 권력자들에게 구실을 제공한다. 누군가 죽으면 그렇게 될 수밖에 없었다고, 죽음에는 다 이유가 있다고, 모든 것이 다 하느님의 뜻이라고 되뇐다. 그러나 이러한 믿음은 우리를 하느님의 자식이 아니라 이윤의 원천으로 취급하는 상업적 민영의료 시스템에 맞서지 못하게 만든다. 나의 고통은 그것으로부터 배움이 있을 때만이 의미가 있다. 죽는다면 아무 의미도 없을 것이다. 하느님이 내 동포들이 고통받다 죽는 것을 원할까? 상업적인 의료 시스템을 통해 소수만이 부자가 되기를? 그럴 리는 없을 것이다.

찬란한 전통을 등에 업고 18세기를 입에 올리면서, 건국 선조들은 현대의 공공의료를 구상하지 않았다고 말하는 것 역시 솔깃한 일이다. 건국 선조들이 구상하지 않은 일이야 물론 많이 있다. 한 명의 시민이자 역사학자로서 나는 우리 건국 선조들이, 사람들이 필요 이상으로 짧고 열악한 삶을 살게 되며 다수의 질병이 소수의 이윤의 장이 되는 미국의 모습을 원했을 거라고는 도저히 생각할 수 없다. 미국 헌법의 서두에 표방되어 있는 낙관주의는 수세기에 걸쳐 울려 퍼지고 있다. 좋은 정부란 정의, 평안, 안녕, 자유를 뜻한다. 공익의 수호를 뜻한다. 우리 헌법에 긍지를 느끼고 그 취지를 안다면, 우리는 그 헌법 입안자들의 열망을 우리 시대에 적용해야 한다.

200년 전이라면 참고 견디면서 의사를 멀리하는 일이 일리가 있었을지도 모른다. 나는 병원에서 퇴원해, 코로나 팬데믹 속으로, 가정의 보금자리로, 초등학교에 다니는 두 아이가 원격 수업하는 상황 속으로 돌아왔고, 아들과 함께 독립전쟁 시기에 관한 역사책을 읽는 중이다. 우리는 함께, 조지 워싱턴이 세 명의 의사가 네 번이나 그의 피를 쏟게 한 뒤 사망했다는 사실을 알게 되었다. 그는 의사들을 부르지 않는 편이 더 나았을 것이다. 벤저민 프랭클린은 언젠가 존 제이에게 편지를 보내 질병보다 약이 더 두렵다고 했는데, 당시로서는 일리가 있는 말이었다. 부상당한 사람들이 어떤 치료를 받았는지 알게 되면, 독립전쟁에 대한 환상은 빠르게 걷힌다. 감염에 대한 이해가 전혀 없는 시기였기 때문에 의사들은 손을 씻지도 않았고 절단 도구를 소독하지도 않았다. 끔찍한 사지 절단이 흔했고, 고름과 부기는 감염이 아니라 회복의 조짐으로 오인됐으며, 화상은 환자에게서 피를 내어 치료했다. 식민지 주민들의 평균 수명은 대략 사십 세였고, 그들이 노예로 삼은 아프리카 사람들은 그에 한참 못 미쳤다. 천연두처럼 유럽에서 건너온 질병들은 신대륙 원주민들의 생명을 급격하게 단축시켰다.

나는 정의와 평안과 안녕을 숭상했던 미국의 건국자들이 의료의 역사에서 그들이 겪은 비참했던 순간을 우리가 다시 살길 바랐을 거라고는 도무지 생각할 수 없다. 분명 그들은 그런 말을 한 적이 전혀 없다. 사실, 그들이 서로 주고받은 서신에는 자신의 질병, 친구들의 병환, 신생 공화국의 도시들을 망가뜨렸던 역병을 안타까이 염려하는 내용이 많이 있다. 어느 해에는 그 당시에는 알려지지 않았던 황열병이 퍼져서 의회 소집이 불가능했다. 지금이야 모기가 이 전염병을 옮긴다는 사실을 알고 있고 백신도 나와 있다. 벤저민 프랭클린, 토머스 제퍼슨, 그리고 그 동료들은 황열병, 천연두, 그리고 지금 우리가 백신이 있거나 치료법을 알고 있는 다른 질병들로부터 사람들을 구하는 일에 관심을 기울였다. 제퍼슨은 건강이 도덕성 다음으로, 좋은 삶에 가장 중요한 요소라고 생각했다.

이제 우리에게는 자연세계에 대한 더 나은 지식이 있다. 그러므로 우리는 의료보장을 인간 권리의 하나로 간주할 수 있다. 우리의 헌법은 우리가 의료보장의 권리를 갖지 못하도록 가로막고 있지 않다. 오히려 그 반대다. 헌법 입안자들에게는 "헌법에 어떠한 권리들을 열거함이 국민들이 가진 다른 권리들을 부정하거나 폄하하는 것으로 간주되어서는 안 된다"고 명기하는 혜안이 있었다. 이 조문은 의료보장을 누릴 권리에 자리를 마련해준다. 우리가 제퍼슨의 저 유명한 "생명, 자유, 행복 추구"의 권리를 받아들인다면, 의료보장의 권리도 자격이 있다. 생명의 권리가 있다면 생명의 수단을 누릴 권리도 있다. 행복을 추구할 권리가 있다면 그것을 가능케 하는 의료보장의 권리도 있다. 제퍼슨이 매우 적절하게 말했듯, 건강 없이는 행복도 없다. 자유를 추구할 권리에는 의료보장의 권리가 포함된다. 병에 걸리면 우리는 자유롭지 못하다. 그리고 고통에 시달리거나 다가올 질병 때문에 전전긍긍하면, 통치자들은 우리의 고통을 포착하고, 우리에게 거짓말을 하며, 우리의 다른 자유마저 빼앗아간다.

두 번째 교훈

|

소생은 아이들과 더불어 시작된다

나의 병상일기에는 내 아이들이 1월에 어떻게 지내고 있었는지에 대한 메모가 있다. "축구 연습 더 열심히." "누구누구 와서 자고 감." "학기 시작." 나는 아이들이 내 상태가 어떤지 알면서도 아침에 일어나 학교에 가는 게 너무 자랑스러웠다. 내가 너무 아파서 아이들의 병문안을 받지 못했을 때는 아내가 아이들 일과를 들려주었다. 아이들은 내게 쪽지를 남기거나 그림을 그려주기도 했는데, 나는 이것들을 병실 벽에 붙이거나, 접어서 일기장에 넣어두었다. 걸어 다닐 수 있을 정도가 되자 아이들이 한 번에 한 명씩 병문안을 오기 시작했다. 딸은 내게 안아달라고 했고 먹을 것을 주었다. 아들은 "아빠, 자꾸 아빠가 죽는 꿈을 꿔요"했다.

입원해 있을 때, 그리고 퇴원 후 연구실에 있을 때, 그다음엔 팬데믹으로 연구실에 못 가게 되었을 때, 나는 계속 아이들 생각을 했다. 가장 아팠을 때 느꼈던 분노와 공감은 아이들과 연관이 있었다. 그렇지만 이 감정들이 천천히 사라지고 나서도 뼈아픈 감각 하나는 그대로 남았다. 아이들의 상실, 나의 상실, 우리의 상실이 될 수도 있었던 일이 안긴 충격은 며칠 사이에 가라앉기에는 너무도 컸다. 학교가 문을 닫은 뒤 아이들이 매일 온종일 집에 있는 모습을 보면서도 괴로운 마음은 밤낮으로 나를 맴돌았고, 집 안 구석구석과 꿈속에서 애타게 아이들을 찾는 모습으로 나타났다.

어느 날 밤 나는 악몽에서 깨어나, 아이들이 태어나고 처음 몇 년 동안 내가 찍은 사진들을 저장해두지 않았다는 걸 깨달았다. 얼른 몸을 일으켜 잠자리에서 빠져나왔다. 아이들과 떨어질지 모른다고 느끼는 내 감각에 꿈이 조그만 해결책을 알려준 셈이었다. 지난날의 기록을 간직하는 일은 아이들을 나와 묶어놓는 방법이었고, 허약해진 내가 어렵사리라도 챙길 수 있는 일이었다. 오래된 컴퓨터를 찾아내 서둘러 세팅을 하고 하드 드라이브를 연결한 뒤 작업을 시작했다. 사진들을 백업하는 동안, 모든 사진 하나하나가 시간을 거슬러 천 분의 일 초의 속도와 추억으로 화면에 스쳐 지나갔다. 사진들은 파란 담요를 덮고 손싸개를 한 아들의 이미지에서 끝나거나 시작되었다.

○

그 사진들은 내 아이들을 담고 있었지만, 내가 느낀 괴로움은 다른 누구라도 느낄 법한 것이었다. 한 생명의 시작은 그 부모에게 각별하지만 모든 부모에게도 특별하다. 인생의 다른 모든 것들과 구별되지만 온 지구상에서 함께하는 경험이다. 14,810장의 그 이미지들이 지난 10년을 거슬러 나를 되감는 동안, 나는 탄생과 더불어 시작되는 새로운 삶, 그리고 삶의 여정을 더 수월하게 혹은 더 힘겹게 만드는 것들에 대해 생각했다. 파란 담요와 손싸개는 내 아들이 태어난 오스트리아 빈 병원의 물품이었다. 분명 그 병원과 그 도시 덕분에 출산 과정이 수월했다. 나와 아내에게는 처음이었던 임신과 출산을 둘러싼 모든 일들은 훌륭한 의료보장이 과연 어떤 것인지 가슴 깊이 느끼게 해주었다. 살가웠고, 비용 부담이 없었다.

2009년과 2010년 몇 달 내내, 산부인과 진료를 받은 우리는 거의 비용을 부담하지 않았다. 다달이 내는 보험료에 더해 의사 진찰에 드는 얼마간의 진료비가 전부였다. 소개받은 개인 의사의 진찰에 추가비용(얼마 되지 않았다)이 들어갔지만 부인과 진찰은 무료로 받을 수도 있었다. 아이를 가진 동안 그리고 낳은 뒤로도 아내는 조그만 '모아 여권mother-child passport'을 들고 다녔다. 진찰 기록, 검사 결과, 예방 접종 내역이 기록된 이 수첩은 온 나라에서 통용되었다. 아내가 병원에 가거나 진료실에 들어갈 때, 간호사나 의사는 화면만 보고 있는 대신, 우리에게 인사를 건네며 '여권'을 보여달라고 한다.

시에서는 우리에게 보조금을 지원해 유익한 출산 강좌

를 듣게 했다. 오스트리아 사람들은 대체로는 외국인에게 표준 독일어로 말하지만, 친밀한 상황에서는 사투리로 바뀌어서 알아듣기가 더 힘들어진다. 나는 왜 그렇게 하는지 연유를 잘 모른 채, 짐볼과 종을 들고 매트 위에서 몸을 움직이곤 했다. 하지만 출산 강좌는 즐거웠고 그 덕분에 임신의 리듬은 보다 사교적이 되었다. 강좌를 듣는 커플들이 모두 비슷한 시점에 아이를 가졌기 때문에 우리는 똑같은 임신 단계에 있는 익숙한 사람들을 계속 만나게 되었다. 부모들은 친구가 되었고, 우리의 아이들은 함께 자라났다.

외국인이었는데도 불구하고, 우리는 출산까지 임신의 모든 단계에서 의료 시스템이 아이와 우리를 위해 마련되어 있다는 느낌을 받았다. 미국의 상업적 민영의료 시스템 내에서 맞닥뜨리게 마련인 오싹한 순간이 전혀 없었다. 도대체 어떤 조치가 왜 취해지거나 취해지지 않는지, 혹은 왜 기묘하게 회피하려는 듯한 말을 방금 들은 것 같은지, 혹은 왜 의사나 간호사가 이상하게 행동하거나 슬며시 빠져나가는지 알 수 없는 순간들. 우리는 시시때때로 사건들을 조종하는 은폐된 논리가 있다는 느낌을 받게 되는데, 이것은 실제로 그런 것이 있기 때문이다. 바로 이윤의 논리다. 오스트리아에서는 목적이 앞으로 태어날 아이의 복지에 있다는 게 분명했다. 사회복지의 혜택을 누리는 대신, 태아 검진은 법으로 정한 의무였다.

이윤의 논리와 생명의 논리 간의 차이는 시기 선택에서 드러난다. 임신한 뒤 첫 3개월 동안 오스트리아의 여성은 하혈을 하거나 양수가 터지거나 혹은 진통이 20분 간격이 되면 병원으로 오라는 지침을 받는다. 미국에서는 출산을 앞둔 산모들에게 진통이 3, 4분 간격이 될 때까지 좀 더 기다리라고 한다. 아이들이 차 뒷좌석에서 태어나거나 산모들과 아이들이 결국 목숨을 잃는 이유 가운데 하나가 이 때문이다. 미국에서는 산모들이 병원에 너무 일찍 도착해서 병상을 너무 오래 차지하지 않을까 전전긍긍한다. 오스트리아의 시스템은 산모들이 건강하게 출산할 수 있도록, 여유를 가지고 필요한 장소에 머물 수 있게 설계되었다.

빈에서 아내의 산통이 시작된 날 저녁, 우리는 공공 병원의 깨끗하고 조용한 병실에 지체 없이 입원을 했다. 서류 한 장에 서명을 해야 했다. 너무 일찍 병원을 찾은 것이 아닌지 조바심이 들었지만 집에 돌아가라는 압박은 전혀 없었다. 마시의 산통이 길고, 힘들고, 순조롭지 않아서 우리는 그동안 병원에 있는 것이 안심이 되었다. 출산 후 엄마와 아기는 필수적으로 병원에 96시간 머물러야 했다. 갓난아이가 순조롭게 적응하고 산모들이 모유 수유하는 법을 배우게 한다는 데 그 취지가 있었다.

오전 9시에서 오후 5시까지 방문이 허용되었기에 나는 이 시스템이 어떻게 작동하는지 알 수 있었다. 매일 부모들에게 아이 목욕시키는 법과 기저귀 가는 법을 가르치는 교습 시간이 있었다. 간호사들은 출산병동을 교대로 돌아다니면서 아이의 입을 산모의 젖꼭지에 바로 물려주며 방법을 일러주었다. 갓 엄마가 된 이들에게는 미국인이라면 으레 기대했을 사생활 같은 건 없었지만, 아이들을 최우선으로 생각하는 숙련된 전문가들의 꾸준한 관심이 있었다. 간호사들은 엄마들이 모유 수유를 어떻게 받아들이는지는 전혀 신경 쓰지 않았다. 모유 수유가 확실하게 시작될 수 있도록 마련된 프로그램이 있을 뿐이었다. 간호사들은 자신들이 맡은 임무를 숙지하고 있었고, 나흘이 지나자 갓난아기와 산모 들도 잘 따랐다. 오스트리아의 산모들 중 약 90퍼센트가 모유 수유하는 법을 알고 있다. 병원을 나설 때, 아내와 아기는 준비가 된 상태였다. 서명할 서류도 없었고 지불할 비용도 없었다.

앞서 언급한 출산 강좌를 듣는 내내 나는 연민의 대상이었다. 강좌는 매번 커플이 따라야 할 지침으로 시작됐는데, 얘기를 듣는 동안 아내와 나는 하나의 매트 위에 함께 있었고 신체 부위를 뜻하는 빈Wien 은어를 알아듣지 못해 당황했다. 그다음엔 남자와 여자로 나뉘어 자기들끼리 공통의 관심사를 두고 이야기를 나누는 시간이었다. 나는 미국의 남자들이 그런 자리에서 무슨 말을 할지는 알지 못한다. 반면 오스트리아의 아빠들은 자기들의 사회복지 제도가 제공하는 자유에 관해 얘기했다. 그들은 세 가지 육아휴직의 선택지 가운데 하나를 택할 수 있었는데, 셋 다 내게는 이루 말할 수 없이 후해 보였다. '2년' 동안의 '유급' 육아휴직 기간을 엄마와 아빠가 어떻게 나눌

지 고민하는 사람들도 있었다. 새로 사귄 친구들에게 나는 내가 대학에 몸담고 있어서 아내와 내가 비교적 형편이 낫다고 말해보았지만, 그들은 '커플 중 한 사람에게, 한 학기'로는 턱없이 부족하다고 했다. 내가 미국의 육아휴직 표준을 거론하자 그들의 표정은 경악으로 바뀌었다. 아이 엄마는 12주를 쉴 수 있지만 무급이고, 아이 아빠는 그나마 쉴 수도 없다는 발상은 그들에게는 야만스러워 보였다. 그들이 옳았다. 그 발상은 '정말' 야만적이다. 부모와 아이들에게서 자유를 앗아간다.

그들이 꼬집어주기도 했고 내가 부끄럽게도 깨달았듯, 커플 중 한 사람이 석 달의 육아휴직을 얻는 것이 후하다는 관념이 생겨난 것은 전적으로, 내 아내가 다른 미국인들보다 상황이 낫다는 것을 내가 알고 있기 때문이었다. 나 자신의 태도야말로 보편적인 문제를 키우는 데 이바지하고 있었던 셈이다. 다른 사람들보다 덜 끔찍한 의료보장을 받는 것에 대한 상대적인 만족감 때문에, 전체 시스템이 얼마나 엉망진창이며 그 시스템에 얼마나 개선의 여지가 많은지 들여다보지 못했던 것이다. 모든 미국인이 내 아내와 내가 누린 것보다 더 나은 육아휴직을 누릴 수 있고 또 그래야만 한다. 오스트리아가 그렇게 할 수 있는데 우리라고 왜 안 될까? 오스트리아 국민은 모두가, 지위와 재산에 상관없이, 나보다 더 나은 선택을 할 수 있었다. 덜 나쁜 의료보장과 공공 서비스를 누려온 많은 미국인들처럼, 나 역시 속아왔다. 나의 친구들이 합당하게 주장했듯, 모두에게 선택지는 똑같이 주어져야 하고, 그것은 한 가정이 온전히 감당할 수 있는 선택지가 되어야만 한다.

아들이 태어난 뒤, 나는 그애와 함께 시간을 보내고 싶었고 아이 엄마가 우리 없이 쉬는 시간을 좀 가졌으면 했다. 그래서 젖 먹는 시간 사이사이에 아이를 데리고 빈 주변을 산책했다. 유아차를 밀며 도시를 돌아다니는 일이 즐거웠다. 우리 사정이 달랐다고 해도 그렇게 했을 거라고 생각하고 싶지만, 정책이 관습을 어떻게 바꾸고 관습이 표준을 어떻게 바꾸는지 인정하는 일은 중요하다. 육아휴직 덕분에 아기들과 함께 산책하는 일은 남자들도 할 수 있는 평범한 일상이 되었다. 때때로 다른 남자들과 '아빠가 된다는 거, 꽤 근사한 일이죠?'라는 의미가 담긴 고

갯짓을 나누는 것이 참 좋았다. 아들이 잠들면 들어가는 카페에서 남녀 직원들이 살갑게 대해주는 것도 참 좋았다.

그런 우연한 만남들 덕분에 독일어에 대한 나의 태도가 달라지기 시작했다. 20세기의 참사들은 독일어를 죽음의 언어로 만들었다. 길을 걷던 나이 지긋한 부인들이 아이가 예쁘다고 칭찬해줄 때 독일어는 생명의 언어가 되었다.

○

2년 뒤 미국에서 둘째가 태어났을 때는 달랐다.

첫째는 유도분만과 제왕절개 없이 태어났다. 빈 공공 병원의 산부인과 의사들은 출산 과정 동안 굉장히 참을성이 있었다. 같은 상황에서 미국의 의사들에겐 그만큼의 참을성이 없었을 것이다. 둘째 아이를 가졌을 때 아내는 마흔이 되었고, 이 때문에 출산예정일을 기준으로 진통이 오면 유도분만을 시행한다는 미국식 의료 지침이 발동되었다. 정말 터무니없는 지침인 것이, 중요한 것은 나이 자체가 아니라 노산 시에 더 나타나기 쉬운 특정 상태이기 때문이다.

크고 작은 사안에서 이 기계적 의료 지침들이 환자와 의료진 사이에 끼어든다. 컴퓨터 프로그램의 목적은 청구서 발행이기에 사람의 기본적 필요를 채워주지 못한다. 지침을 따르는 데 익숙한 의사와 간호사 들은 실제의 환자를 계속 방치한다. 입원해 있을 때 나는 몇 가지 사례를 병상일기에 기록했다.

나는 정해진 스케줄에 맞춰 약을 복용했다. 시간과 복용량을 적어두었는데, 시스템에 대한 신뢰를 잃었기 때문이기도 했지만 밤에 잠을 자고 싶었기 때문이기도 했다. 나는 통증 때문에 여섯 시간 간격으로 해열진통제인 아세트아미노펜 복용이 허용되었다. 나는 간호사들에게 제발 여섯 시간이 지났다는 이유로 밤에 나를 깨우지 말아달라고 부탁하곤 했다. 때로는 통했지만 때로는 그렇지 않았다. 약을 한 번 걸렀을 땐, 복용 스케줄을 다시 짜달라고, 다음 복용 시간은 아무 때나 해도 되니, 원래 먹도록 정해졌던 시간에서 여섯 시간 간격을 지키지 않아도 된다고 애써 설명하곤 했다. 간호사들은 이따금 내 말을 들어주었지만, 때로는 컴퓨터 화면에 나타난 대로 하기도 했다. 저녁에는 밤 10시, 11시, 그리고 자정에 세 번을 복용할 때도 있었다. 한 요령 있고 의욕 넘치는 간호사가 낮 동안의 복용 시간을 바꿔주기도 해서, 며칠간 끈질기게 사정하면 알약 세 개를 한꺼번에 먹고 잠들 수도 있었다. 환자가 잠을 자게 도와주는 게 시스템에 반항하는 꼴이 되니 이런 부조리가 없다. 하지만 다른 간호사는 컴퓨터가 지시하는 대로 따라야 한다고 버티며, 나를 깨워 알고리즘을 만족시켰다.

임신같이 더 중대한 사안에서는 화면에 대한 복종이 초래할 결과가 훨씬 더 커질 수 있다. 컴퓨터 프로그램이 무심히 "임신 맞음"과 "40세 이상 맞음"을 표시하고 모일모시에 유도분만을 해야 한다고 지시하면, 의료진은 한 여성의 이야기를 듣고 있는 것보다 화면에 떠오른 경고 표시를 진정시키는 편이 훨씬 수월하다고 판단한다. 조용히, 모두의 신경은 온 힘을 다해 또 다른 인간을 품고 있는 한 인간에게서 멀어져, 무엇에도 개의치 않는 생명 없는 코드인 알고리즘으로 옮겨 간다. 아내의 상태는 양호했고 태아도 건강했지만, 우리는 여지없이 이 기계적 논리에 갇혀버리고 말았다. 유도분만 없이 분만을 시작하기 위해 30분을 더 싸워야 했다. 다행스럽게도 두 번째 출산은 처음보다 더 빨랐고 더 수월했다.

출산이 끝나자, 다시 시곗바늘이 돌아가기 시작했다. 이번에는 분만병동에서 우리를 쫓아내는 게 목적이었다. 아내는 작은 방에 홀로 있었다. 엄마들과 아기들과 간호사들과 아빠들이 북적대던, 빈에서 익숙했던 풍경은 찾아볼 수 없었다. 아내는 아주 어렵사리 갓난아기가 모유 수유를 받아들이게 하는 법을 기억해냈다. 삶이 시작되는 그 중대한 순간을 거들어줄 사람이 곁에 아무도 없었다. 젖가슴들을 얼기설기 그려놓은 그림과 전화번호가 인쇄된 복사물 한 장을 받긴 했지만, 항시 대기하는 숙련된 간호사를 대체하기에는 어림없었다. 우리는 서류 뭉치와 엄청난 청구서도 받았다. 전화번호는 수유 상담원의 것이었는데 결국에는 만날 수 있었다. 이 나라에서는 수유 상담원을 만나려면, 괜찮은 의료보험이 있거나 여윳돈이 있어야 하는데 대부분의 사람들은 그렇지 못하다. 이런 식으로 불평등은 세상에 나온 첫 순간부터 아기들의 생명 활동에 영향을 미친다. 불평등한 삶의 출발을 강제하는 일은 "모든 인간은 평등하게 태어난다"는 말을 무색하게 한다.

우리는 요람에서 무덤까지 상업적 의료 시스템하에 놓여 있다. 우리가 그렇게 선택했기 때문이다. 그러나 더 나은 길들이 존재한다. 아들이 태어나고 아내와 내가 오스트리아 병원에서 나올 때, 병원에서는 메고 다니기 편한 기저귀 가방에 아기 옷과 담요가 든 '키트'를 주었다. 빈 시에서 제공하는 서비스가 망라된 안내 책자도 받았다. 거기에는 아이를 돌보기 힘든 엄마들을 위한 개별 지원 프로그램, 공공 육아 서비스, 그리고 공립 유치원과 학교 정보가 들어 있었다. 부모들이 아이들을 소아과에 데려가 '여권'에 예방접종 기록만 차곡차곡 쌓으면, 이 모든 것이 무료였다.

한 살과 세 살이 된 아이들과 함께 오스트리아로 다시

이주했을 때, 우리는 우리가 사는 노동계급 거주지역에 있는 공립 유아원의 수준에 놀라움을 금치 못했다. 미국에서 보았던 사립 어린이집과 유아원 규모의 시설과 활기찬 분위기를 갖추고 있었던 것이다. 게다가 점심식사 비용으로 매달 찬조하게 되어 있는 40유로 말고는 정말로 모두 무료였다. (점심을 지역 산물로 조달하는 것에 자부심이 대단해서, 요리사들과의 저녁 모임은 말할 것도 없고 한 시간 넘는 교사-학부모 모임의 주제이기도 했다.)

세 살짜리 아들은 세 살에서 여섯 살까지의 아이들이 모인 그룹에 속했고, 더 큰 여자아이가 녀석을 보살펴주었다. 아들의 선생님은 그 아이가 새로운 환경에서 필요한 도움을 받을 수 있게 신경을 써주었다. 그 그룹에서 가장 어리고 오스트리아의 질서 관념에 적응하지 못한 아들이 말썽을 일으키는 통에, 우리는 적잖이 미안한 마음을 가졌다. 녀석은 뒤뚱뒤뚱 걷다가 신이 나서는 자기보다 큰 남자아이들이 정교하게 쌓은 블록들을 무너뜨리곤 했다. 우리는 속이 상했다. 그런데 그 얘길 꺼내자, 아들의 선생님이 눈을 반짝이면서 다정하게 말했다. "그렇지만 뭔가를 무너뜨리는 게 얼마나 신나는 일인데요."

학년을 마치고 우리가 녀석을 다시 미국으로 데려갈 거라는 사실을 알게 되었을 때 아들의 유치원 선생님은 우리 앞에서 울음을 터뜨렸다.

°

온 가족이 오스트리아에 살다가 미국에 돌아가게 될 때면, 그때마다 적응해야 되는 일들이 여럿 있었다. 나로선 왜 미국의 부모들이 자기 아이들에게는 그렇게 광적으로 집착하면서, 다른 아이들을 접하는 것에는 그렇게 주저하는지 통 이해가 안 됐다.

아들이 한두 살쯤 되었을 무렵 뉴헤이븐의 음악 수업 시간이었다. 아이들은 둥그렇게 모여 앉을 때 자기 보호자 앞에 앉으려 들지 않는 경우가 많았다. 자기 반대편에 있는 다른 아이나 부모 쪽으로 기거나 걸어가는 걸 더 좋아했다. 아이가 내 앞에 나타나면 나는 늘 흐뭇했다. 아이들이 드럼 스틱을 카펫 위 어디에서 두드리든 그게 무슨

대수란 말인가. 하지만 통제되지 않고 기어 다니거나 걸어 다니면 늘 극적인 장면이 연출됐다. 보호자들은 자기 아이들이 언제고 자기들 바로 앞에 있어야만 한다고 생각했다. 탬버린 흔들기 시간 또한 그런 식으로, 어른들이 짐짓 편안한 척 책상다리로 앉아 있다가 벌떡 일어나 변덕스러운 자식들을 제자리로 옮겨 놓는 요상한 행동들을 하면서 흘러갔다. 어떤 남자아이는 아들과 내가 있는 쪽으로 힘차게 다가오곤 했다. 그 아이가 우리를 알아보아서 나는 그저 흐뭇했다. 그런데 어느 주에 그 아이 엄마가 나를 힐난했다. "아니, 아버님은 대체 뭐예요? 18개월짜리 아이들만 끌어당기는 자석인가?"

나는 적잖이 당황했다. 아이들이 어른들을 보고 웃고 어른들이 따라 웃어주면 좋은 것 아닌가? 어린아이가 자기 가족 이외의 사람들과 정겨운 인사를 조금 나누는 것은 바람직한 일이 아닌가? 아이를 집 밖으로 데리고 나와 음악 수업에 다니는 이유가 사회화를 시키자는 것 아니었나? 음악 수업을 시작하고 몇 주 뒤 나는 친해진 다른 엄마와 이런 조바심에 대해 이야기를 나누었다. 아이들이 자기들 바로 앞에 있지 않으면 엄마들은 조바심을 치는 것 같은데 대체 이유가 뭔지 그 엄마에게 물어보았다. 돌아온 대답은 내게 많은 것을 생각하게 했다. "제 생각엔 엄마들이 결국, 자기가 혼자 이 일을 감당하고 있다는 걸 알기 때문이에요."

엄마들이(그리고 아빠들과 다른 보호자들이) 그렇게 느끼지 않는 미국의 모습을 상상해보자. 빈에서 아내와 나는 전혀 그렇지 않았다. 사람들은 유아차를 위해 길을 양보했고, 누가 부탁하지 않아도 문을 잡아주었다. 어느 날 아침 딸은 유아차에 앉히고 아들은 유아차 뒤쪽 아래에 연결된 보드 위에 세운 채, 언덕 아래로 달려 내려가던 일이 기억난다. 아이들을 유치원에 제시간에 데려다줄 수 있는 마지막 전철을 타기 위해, 나는 지상에 있는 정거장을 향해 달려가고 있었다. 해를 등지고 있었기에, 나는 전철 차량의 창문을 통해 승객들이 우리가 탈 수 있게 버튼을 눌러 문을 열어주고 그다음엔 우리가 끼어 탈 수 있도록 자리를 만들어주는 장면을 볼 수 있었다.

부모들과 어린아이들에 대한 이런 태도는 오스트리아

사람들이 미국 사람들보다 더 친절하기 때문에 생기는 결과가 결코 아니다. 이것은 아이를 키우는 일이 한 부모 혹은 한 가족이 다른 누구의 도움도 없이 해낼 수 있는 일이 아니라는 것을 이해하고 있는지 여부와 관련된 문제다. 공공 병원에서 공립 유아원, 모든 지하철 정거장에 승강기가 설치된 대중교통에 이르기까지 우리를 도와주었던 제도들은 아이들이 있는 가정에만 주어지는 일방적인 혜택이 아니었다. 이러한 제도들은 사람들을 한데 뭉치게 하고, 결국 그들이 혼자가 아니라고 느끼게 해줄 연대의 인프라였다.

○

미국에서 자유에 관한 이야기는 출생이라는 문제에 이르면 사라지고 만다. 우리는 새로운 생명을 세상에 내놓는 일이 어떻게 영웅적 개인주의로 되는 일이 아닌지 얘기하지 않는다. 내가 어린아이들의 아버지로서 자유로운 한 인간이 되는 데는 당연히 수많은 도움이 필요했다. 나는 아이를 임신하고 젖을 먹여야 하는 사람도 아니었고, 한 아버지로서 모든 가능한 혜택을 누렸다. 우리는 또한 아이들이 가능한 한 자유로운 삶을 살 수 있도록 처음부터 보장해주기 위해 우리가 해야 하는 일들에 대해 침묵한다. 우리는 제약이 없는 상태를 자유라고 여기고, 이는 분명 중요한 자유의 요소다. 그렇지만 삶의 시작은 그것만으로는 충분치 않음을 우리에게 보여준다. 홀로 남겨진 채 제약 없는 갓난아이는 자유롭지 않다. 자유를 얻기 위한 타인들의 기여는, 부모들에게보다 아이들에게 훨씬 더 긴요하다.

아주 어렸을 때 어떤 보살핌을 받았는가, 그것은 아이들이 나머지 삶을 어떻게 살게 될지에 지대한 영향을 미친다. 아마 그 점이야말로 오늘날 과학자들이 우리에게 건강과 자유에 관해 역설해야만 하는 가장 중요한 사항일 것이다. 19세기에 과학자들은 어떻게 병이 퍼지는지 설명하면서 더 길고 더 자유로운 삶을 사는 데 유용한 일종의 사실관계를 소개했다. 20세기 후반에 또 다른 과학자 집단은 나중의 삶을 사는 데 있어 유년기가 중요하다는 것을 깨달았다. 어른들이 이 점을 이해하기 위해서는 용기가 필요하다. 왜냐하면 이 말인즉, 자유에 마음을 쏟는 일은 아이들에게 마음을 쓰는 일이라는 뜻이기 때문이다. 그렇게 애를 쓴다면, 우리는 이 자유의 땅을 소생시키는 일을 시작할 수 있다.

인간이 자유로운 성인으로 기능하기 위해 필요한 능력은 우리가 어릴 때 발달한다. 고유한 인간 존재가 되는 데 우리가 활용하게 될 재능들은 뇌가 얼추 완전한 모습을 갖추는 첫 5년 동안에 갖춰진다. 영유아들은 다른 사람들과 소통할 때 의지와 말과 사유가 생겨난다. 우리가 좌절을 이겨내고 즐거움을 자제하는 법을 배울 수 있다면, 그것은 우리가 아주 어릴 때이다. 관계, 놀이, 선택이 이러한 능력들을 자라나게 한다는 점은 무수한 연구들이 뒷받침하고 있다.

자유롭다는 것에는 자신의 관심사가 무엇인지 아는 감각과 그것들을 성취하기 위해 무엇이 필요한지 아는 감각이 포함되어 있다. 압박 속에 삶의 제약들을 반추하기 위해서는 경험하고 명명하고 감정들을 통제하는 능력이 필요하다. 자유는 선택의 문제이지만, 우리는 우리가 아는 선택지들 가운데서 선택할 수 있을 뿐이다. 두려움에 사로잡히면 우리는 모든 것을 극단적으로 나눠 보게 된다. 우리 혹은 그들, 투쟁 혹은 도피. 자기 감정을 확인하고 조절하는 법을 배운 아이들은 스트레스의 순간에도 긍정적 감정을 위한 여지를 열어둘 수 있는 더 많은 선택지를 갖게 된다. 그러한 긍정적 감정이 없다면 우리는 덜 자유로워진다. 위험에 처했을 때 도움이 되거나 상황이 나을 때 번창하고 번영하는 데 활용할 수 있는 수많은 탈출구와 혁신을 볼 수 없게 되기 때문이다.

자유의 역설은 어느 누구도, 도움 없이는 자유롭지 못하다는 점이다. 자유는 혼자 지냄을 뜻할지 모르지만 연대를 필요로 한다. 고독 속에서 자유로워지는 법을 터득한 어른은 어린 시절 연대의 혜택을 입은 사람이다. 따라서 자유는 세대를 거듭하며 빌려주었다가 또 돌려받는 빚과 같다. 아이들에게는 그 첫 5년 동안 집중적이고 사려 깊은 관심이 필요하다. 이 특별한 시간은 아이들끼리는, 어른들끼리는 주고받을 수 없다. 아이들은 이 특별한 종류의 시간을 어른들로부터만 빌려올 수 있다. 아이들은 그 빚을 나중이 되어서야 비로소, 앞으로 태어날 아이들에게만 되돌려줄 수 있다. 자유로운 국가는 세대를 거듭하며 번성한다.

미국에서 아이들을 키우기 위해 애썼던 사람이라면 누구나 알겠지만, 시간을 내기가 결코 쉬운 일이 아니다. 아이들에게 믿음을 주는 관계와 정형화되지 않은 놀이, 그리고 선택을 장려하는 활동들이 필요하다고 말하기는 쉽다. 미국의 어떤 부모를 잡고 이 말을 크게 한번 떠들어보라. 잘해야 인내심 어린 미소만이 돌아올 것이다. 부모들이 일을 한다면 이런 시간을 어떻게 갖겠는가? 우리는 해답을 알고 있다. 산모들이 출산 후 나흘 동안 분만병동에 머무르게 하는 것은 법으로 만들 일이다. 부모 모두에게 실질적 육아휴직, 예측 가능한 업무 일정, 유급 병가, 공공돌봄 서비스, 유급 휴가가 필요하다. 이 모든 일이 다른 곳에서는 표준이며, 이 나라에서도 충분히 가능하다.

엄마들과 가족들에게는 또한, 아이를 낳고 기르는 일이 그 일부인 힘겨운 삶의 여정에서 평정이 필요하다. 아이들을 좋은 공립 학교에 보낼 수 있고 자신들은 신뢰할 만한 연금 혜택을 받을 수 있다면, 그 가정은 살아가는 일에 걱정을 덜 것이고 어린 자녀들과 더 많은 시간을 보낼 수 있을 것이다. 부모들과 보호자들이 자신들과 아이들에게 의료보장의 권리가 있음을 안다면, 그들에게는 아이들이 자유롭게 자라는 데 도움이 될 더 많은 시간과 인내심이 생길 것이다.

세 번째 교훈

|

진실이 우리를 자유롭게 할 것이다

2019년 12월 15일 맹장수술을 받은 뒤로, 나는 이상할 만큼 강렬하게 다른 사람들과 동질감을 느끼게 되었다. 아무도 내게 말해주지 않았지만 당시 내 간은 감염된 상태였다. 약해지는 바람에 사람들에게 더 가까이 다가가게 되었고, 다른 이들의 이야기에 더 귀 기울이게 되었다. 크리스마스가 가까웠을 때 교회 문 앞에서 주고받는 인사처럼 그냥 지나칠 수도 있었을 것들에 관심을 두게 되었다. 뉴헤이븐의 도심에 있는 한 안내판은 "이번 크리스마스에 우리는 한 이민자 가정은 축복하면서 다른 이민자

가정들은 격리하고 가두고 쫓아낼 생각인가” 물었다. 그 문구는 마리아와 요셉의 이야기, 그리고 고향을 떠나 먼 곳에서 아이를 낳은 한 임신한 여성의 험난한 여정을 떠오르게 했다. 그들의 처지와 이 도시 근처의 수용소에 있는 미등록 이민자들의 처지를 번갈아 생각하니, 예상보다 훨씬 큰 충격이 나를 강타했다.

내 맹장수술을 집도한 의사가 여행을 떠나도 괜찮다고 말했기에 나는 오래전부터 계획한 크리스마스 휴가에 플로리다로 가, 친가 쪽 대식구들과 합류했다. 해변에서 몸을 회복시키자는 취지였다. 그러나 상황은 사뭇 다르게 흘러갔다. 손발이 욱신거리기 시작해서 12월 23일 아침 병원에 입원했고, 그럼에도 아무런 진단도 받지 못한 채 다음 날 퇴원 조치됐다. 크리스마스 날 병에 걸린 느낌이 왔고, 26일과 27일 병세가 악화되었다. 경미하게 환각 증세가 시작됐고, 낯선 이들의 얼굴에서 아는 이들의 모습이 보였다. 지나치는 사람들이 내 형제들처럼 보이기 시작했다. 아내인 마시는 12월 28일 밤, 나와 아이들을 데리고 코네티컷으로 돌아왔다. 유쾌하지 않은 비행이었다.

12월 29일 누런 커튼이 둘러쳐진 뉴헤이븐 병원 응급실 한구석에서 열일곱 시간을 보냈고, 간 수술을 받은 뒤, 나는 병실로 옮겨졌다. 그리고 분노하고 성찰하며, 그곳에서 그해의 마지막 날들과 새해의 첫날들을 보냈다. 나는 여러 병세로 고생하고 있던 한 중국 남자와 병실을 같이 썼다. 그는 내가 그 방에 있었을 때 두 마디, 그리고 나올 때는 네 마디 영어밖에 몰랐기 때문에, 의사들과 간호사들은 통역 서비스를 통하거나 가족의 도움을 받아 그와 소통했다. 때문에 사적이고 의학적인 수많은 정보가 큰소리로, 천천히, 그리고 반복적으로 오갔다.

　　나는 옆자리 이웃이 나보다 열네 살이 많고, 그가 식당에서 허드렛일을 했으며, 중국 표준어가 아니라 광둥어를 말하고, 50년 동안 매일 흡연과 음주를 일삼다가 니코틴과 알코올을 금단하고 있는 상태라는 것을 알게 되었다. 마지막 사실 때문에 나는 그가 친절한 행동과 상냥한 태도를 보여준 것에 대해 한층 더 고마운 마음을 갖게 되었다. 그는 내가 산책하는 것을 보더니 자신도 똑같이 할 수 있다는 것을 깨달았고, 복도에서 걸어가다 마주치면 늘 미소를 건네며 반가워했다. 텔레비전을 볼 때는 헤드폰을 썼고, 내가 자고 있으면 방해되지 않게 조심했다.

내 룸메이트는 중국을 방문하고 돌아온 지 얼마 안 되는, 새해 첫날에 병실에 들어왔다. 중국 당국이 신종 코로나 바이러스의 존재를 인정한 날 다음 날이었다. 얼마 지나지 않아 나는 정체 불명의 호흡 곤란을 겪게 되었다. 깊게 숨을 들이쉴 수 없었고, 말을 하기도 어려웠다. 친구들과 가족들은 내가 겨우 몇 분 전화통화를 하는데도 금방 지치고 목소리를 잃어서 걱정을 했다. 사진을 찍어보니 양쪽 폐가 모두 국부적으로 망가진 것으로 드러났다. 당시 의사들은 내 오른쪽 폐가 간의 염증 때문에 눌렸을 것이라는 소견을 냈다. 그런데 내 스캔 사진은 실제로는 내 왼쪽 폐가 오른쪽보다 더 심하게 망가져 있음을 보여주었다.

나와 마찬가지로 내 룸메이트 역시 호흡에 문제가 있었지만 회복했고 병원에는 다른 이유들로 들어와 있었다. 가까이에서 병실을 같이 쓰다 보니 나는 그가 어떻게 치료를 받고 그의 증세가 어떻게 진단되는지 지켜볼 수밖에 없었다. 나는 그의 이야기에 흥미를 느끼게 되었다. 혈액 검사는 수많은 가능성을 가리키고 있었다. 중국 방문 동안 먹은 날생선의 기생충이 주범으로 보였다. 암일 가능성이 배제되었을 때가 병원에서 내가 처음으로 행복을 느낀 순간이었다. 퇴원할 때 나는 친구를 통해 그가 쾌차하기를 바라는 마음을 담은 문자 메시지를 보내주었다. 그는 나를 위해 자기 휴대폰으로 번역을 해서 아주 다정하게 답장을 보내왔다. "당신도 몸 잘 돌보길 바랄게요."

。

내 룸메이트는 의학이 진실에 도달할 수 있는 두 가지 방법의 모범 사례였다. 때로 치료는 이야기에 집중하고 그 이야기에 귀를 기울이면서 환자와 더불어 생각하는 문제이다. 나는 의사들 들으라고 한꺼번에 흘러나오는 그의 이야기를 들을 수 있었는데, 어쩌면 언어 문제가 있어 소통하는 데 더 애를 쓴 덕분에 의사들은 좀 더 주의를 기울이고 좀 더 잘 기억할 수 있었을 것이다. 때로 의료는 실험을 수단으로 삼아 정보를 찾는 검사의 문제이다. 이것 역시 내 이웃에게는 중요했다. 의사와 간호사는 그와 직접 소통할 수는 없었지만 어떤 증세에 어떤 검사를 해야 할지, 결과는 어떻게 해석해야 할지 잘 알고 있었다. 자신들이 지닌 의학 지식과 시행 가능한 검사의 범위 내에서, 그들은 그에게 어떤 병이 있고 어떤 병이 없는지 정확히 짚어냈다.

2020년 초반에 미 연방정부는 두 가지 방법 모두에서 우리를 실망시켰다. 팬데믹의 역사를 둘러싼 아무런 분별 있는 논의도 없었고, 새로운 전염병을 가려낼 아무런 검사 절차도 없었다. 1월에 연방정부는 너무나도 당연하게 필수적인 조치, 즉 신종 코로나 바이러스를 위한 검사법을 확보해 미 전역에 시행하는 일에 실패했다. 대통령의 행정부는 감염병 대처 기관인 국가안보회의와 국토안보부의 분과들을 해체했고, 감염병을 예측하도록 설치되었던 국제개발처의 특별 분과 역시 해체했다. 미국의 보건 전문가들은 세계 다른 나라들로부터 철수했다. 중국에 파견된 질병통제예방센터의 마지막 공무원은 감염병 시작

몇 달 전인 2019년 7월 미국으로 소환됐다.

대통령은 공중보건을 책임지는 기관들의 예산 삭감을 주재했고, 2020년 초반에는 다시 한번 예산 삭감의 의중을 공표했다. 새해가 시작되었을 때 미국인들은 스스로 판단을 내리거나 정부가 조치를 취하게 압박하는 데 필요한 기본 지식을 거부당했다. 2월 1일에 공중보건위생국 국장은 트위터에 "장미는 붉고/ 제비꽃은 푸르며/ #코로나 바이러스의 위험은 낮지만/ 독감의 위험은 높네"라고 썼다. 대중들은 검사를 받지 못하고 있었기에, 그는 자신이 무슨 말을 하고 있는 건지 전혀 알지 못했다.

2020년 1월과 2월에 신종 코로나 바이러스는 조용히 온 나라에 퍼져갔다. 감염자의 숫자가 긴급 대응을 요구하고 검사와 접촉자 추적이 감염병을 진압할 수 있었을 그 결정적 두 달 동안 미국은 거의 손을 놓고 있었다. 트럼프는 자신이 받은 경고들을 무시하면서 자화자찬했다. 1월 24일에 그는 코로나 바이러스에 대응하는 중국 정부를 칭찬했다. "중국은 코로나 바이러스를 진압하기 위해 매우 애쓰고 있다. 미합중국은 그들의 노력과 투명성에 깊이 감사한다. 모든 일이 잘 해결될 것이다. 특히 미국 국민을 대표해서 나는 시진핑 주석에게 고마움을 표하고 싶다." 2월 7일 그는 거듭 칭찬을 늘어놓았다. "시진핑 주석이 아주 성공적인 작전으로 기록될 일을 주도하면서 중국에서는 엄격한 통제가 이루어지고 있다."

감염된 것으로 파악된 미국인들이 2월에 한 유람선에서 소개되었을 때, 그들은 아직 감염되지 않은 상태였던 수백 명의 다른 이들과 함께 비행기를 타고 미국으로 후송되었다. 후송 과정에서 감염된 사람들은 당시 전국으로 자유롭게 흩어졌다. 연방정부의 이 용납할 수 없는 미흡한 대응으로 이 질병이 확산되는 것은 시간문제였다. 2월이 끝날 즈음 트럼프는 "기적"이 일어나 우리를 구해줄 거라고 떠들어댔다. "감염병은 사라질 것입니다. 어느 날 기적처럼 사라질 것입니다."

상무부 장관은 바이러스 덕분에 미국에 일자리가 생길 것이라고 예측했고, 그동안에 상무부는 미국 제조업자들이 중국에 의료용 방역 마스크를 팔 수 있게 주선했다. 실제로는 수천만 개의 일자리가 사라졌고, 미국의 실업률은 대공황 이래 겪어보지 못한 정점에 도달했으며, 마스크 품귀로 인해 많은 이들이 목숨을 잃었다. 2월 24일에 트럼프는 코로나 바이러스를 "통제 중"이라고 주장했다. 이는 진실이 아니었다. 3월 초, 그는 원하는 사람은 누구나 검사받을 수 있다고 말했다. 이 말은 거짓이었다. 2월이 끝날 무렵 미국에서 검사를 받은 사람들의 수는 우리 집 근처 고등학교의 졸업반 학생 수와 엇비슷한 352명에 불과했다. 한국은 그때까지 7만 5000명을 검사했다.

망연자실과 거짓놀음에 허비한 2020년의 첫 두 달이라는 시간은 결코 되돌이킬 수가 없다. 4월 말 무렵이 되자 한국은 신규 감염자의 사례가 하루에 10명이 채 안 되는 상태까지 낮아진 데 반해, 미국은 하루에 신규 감염 사례가 2만 5000명을 넘어섰다. 4월 말이 되자 내가 회복을 하고 있던, 인구 100만 명이 채 안 되는 코네티컷 지역에서 5200만 명 남짓한 한국 전체 인구보다 두 배나 많은 사람들이 사망했다. 5월 말에 이르자, 뉴헤이븐 카운티에서 한국 전체를 합친 것보다 세 배나 많은 사람들이 목숨을 잃었다. 이것은 우연이 아니었다. 코로나 바이러스 사망자가 가장 많은 미국의 7개 카운티가 사망자 수 상위 20개 나라에 포함되었다. 이것이 바로 에누리 없는 진실이었다.

진실이 우리를 자유롭게 하기 때문에, 우리를 억압하는 사람들은 진실에 저항한다. 어떤 참사든, 특히 자신들이 초래한 참사라면, 폭군들은 우리가 듣고 싶어하는 감언이설의 요소를 담아 다른 사람들을 비난하고 자신들의 책임을 면피할 구실을 찾아낸다. 2020년 초반에 사람들은 당연히 미국에 코로나 바이러스가 없다는 얘기를 듣고 싶어했다. 하지만 기만당하면서 자유로울 수는 없다. 역사가 영국 총리였던 네빌 체임벌린을 고약한 인물로 기억하는 이유는 그가 1938년에 영국 국민들이 듣고 싶어했던 말, 즉 전쟁을 벌일 필요가 없다고 말했기 때문이었다. 역사가 윈스턴 처칠을 호의적으로 기억하는 이유는 그가 영국인들이 들어야 할 필요가 있는 말, 즉 히틀러를 막아야만 한다고 말했기 때문이었다.

병에 걸리기 전 나는 아들과 딸에게 『반지의 제왕』을 읽어주던 참이었다. 톨킨의 영웅 전설에 나오는 고귀한 인물인 마법사 간달프는 원치 않는 진실을 말하는 사람이다. 그에게는 엄청난 힘이 있지만 혼자서는 세상을 구할 수 없다. 그의 임무는 위협이 닥친 현실을 다른 이들에게 납득시켜 연합을 꾸리는 일이다. 거듭해서 간달프는 덜 현명한 이들로부터 무시당하고, 나쁜 소식을 품고 있는 자라고 조롱당한다. 삶과 마찬가지로 이야기에서도 사람들은 체념을 받아들이는 구실을 삼을 요량으로 무지를 선택하기 마련이다. "우리가 어찌 알 수 있었고, 무슨 일을 할 수 있었겠나?" 이것은 인간적이 되는 한 방편이겠지만, 자유로워지는 길은 아니다. 간달프는 마침내, 알지 못하면 자유를 얻을 기회는 없다고 응수한다. 위협을 판별해서 대비하지 못하면 사람들은 생명과 자유를 잃는다. 알고 싶어하지 않으면 억압을 불러오게 된다. 질병에 관해 알고 싶어하지 않는 것은, 정치가들에게 당신의 몸을 감시하고, 집단 사망에 이르게 하는 감정들로 당신을 조종해달라고 요청하는 꼴이다.

진실은 노력으로 얻어진다. 진실은 우리가 믿고, 믿고 싶어하고, 혹은 믿게 되는 것과 나란히 가는 일이 별로 없다. 사실은 우리가 우리의 감정과 우리를 둘러싼 세계 사이에서 적절한 거리를 유지할 때 터득할 수 있다. 사실에 다가서는 일은 언제나 얼마간의 노력, 연방정부의 고위 공무원들이 하지 않기로 작정한 노력을 요한다. 문제가 생겼으니 검사를 하고 추적을 해야 한다는 사실을 받아들이는 데에는 단지 조금의 노력, 단지 조금의 용기가 필요했을 뿐이다. 이것이 부족했던 탓에 15만 명의 미국인들이 불필요한 죽음을 맞았다.

○

질병 검사는 병원체와 우리 몸에 대한 지식을 얻는 일이다. 검사를 시행하면 우리는 한 번에 한 사람씩 세계를 향해 사실성을 확장한다. 검사를 통해 얻게 되는 지식은 당신 그리고 세계와 상관이 있다. 그 지식은 공유된다. 우리는 검사를 시행하는 사람들이 무엇을 아는지 알게 된다. 2020년 초반에 우리가 검사를 받았다면 우리는 온 나라에 실제 사실을 확산시켰을 터이고 의사와 그 외 모든 사람들은 무엇을 해야 할지를 알 수 있었을 것이다.

트럼프는 자신이 세상의 신비를 알고 있다고 떠들어댔고, 미국인들에게 기적을 약속했으며, 마법의 약물을 팔았다. 그는 말라리아 치료제인 하이드록시클로로퀸을 아무 근거도 없이 추천했다. 그 약은 환자들의 높은 사망률과 연관이 있었고, 그 약이 투여된 많은 참전군인들을 사망에 이르게 해온 것으로 보인다. 그 약에 납세자의 세금을 할당하는 일에 지극히 적절하게도 의문을 제기했던 연방 공무원은 해고되었다. 필수 의료 장비가 부족하다고 보고했던 다른 공무원 역시 해고되었다. 폭정은 이렇게 작동했다. 아첨꾼들은 곁에 두면서 진실을 이야기하는 사람들은 내쫓았다. 트럼프는 미국 사람들이 살균제 주사를 맞아야 하는 것 아니냐고 떠들었다.

우리는 적어도 플라톤 이래 수천 년 동안 받아들여져온 한 가지 이유 때문에 코로나 바이러스 검사를 받지 못했다. 어느 누구도 나쁜 소식을 원치 않는다는 것. 견제받지 않는 통치자는 자신이 들어야만 하는 말을 아첨꾼들에게서 듣지 못한다. 그럼 그는 자신이 실제로 믿고 있을지도 모르는 허구를 나머지 모든 사람들에게 투사한다. 이는 고통과 죽음으로 이어지고, 그렇게 되면 더 많은 나쁜 소식이 양산되며 이 순환은 거듭되기 시작한다. 트럼프가 자신의 우선순위는 감염된 미국인의 수가 적게 나오는 것이라고 분명히 밝힌 이상, 폭군을 만족시키는 가장 손쉬운 방법은 집계하지 않는 일이 되어버렸다. 3월 6일 트럼프는 유람선에 탄 미국인들이 감염되도록 내버려두는 편이 더 낫다고 말했다. "숫자가 지금 상태로 있는 게 좋으니까요. 우리 잘못도 아닌 배 한 척 때문에 확진자 수가 두 배로 늘어날 필요는 없으니까요." 두 달이 지나고 수만 명의 불필요한 사망자가 나온 뒤에도 트럼프는 여전히 똑같은 태도를 표명했다. "이 모든 검사를 시행하면 우리 모습이 안 좋아 보여요." 6월 15일 트럼프는 "당장 검사를 중단하면 미국은 감염 사례가 있다 해도 아주 적을 겁니다"라고 떠들어댔다. 닷새 후 그는 "검사 속도를 늦추라"는 명령을 내린 자신을 추켜세웠다.

그러한 마술적 사고 체계는 폭압적이고 기만적이며 무책임하다. 이는 플라톤이 뜻한 바 그대로 폭압적이다. 다른 사람들이 살고 있는 현실보다 자기 자신의 이미지("확진자 수")에 더 신경 쓰는 폭군의 나르시시즘적 태도를 보여주기 때문이다. 이번 경우 그 현실은 지난 백 년간 있었던 그 어떤 일보다 미국인들을 더 많이 죽게 할 수 있는 감염병이다. 그의 태도는 기만적이다. 상황 대처와 사태 회피를, 검사의 부족과 감염의 부재를 혼동했다. 검사를 거부하는 트럼프의 태도는 우리가 건강하다는 뜻이 아니었다. 단지 우리가 모르고 있다는 뜻이었다. 그의 생각은 무책임하다. 국민의 생존을 보장해야 하는 자신과 미국 정부의 책임을 누군가에게 떠넘기고 있기 때문이다. 트럼프가 자신에게는 아무런 "잘못"도 없다고 부인하고 있을 때, 코로나 바이러스는 아무런 통제도 대처도 없이 온 나라에 퍼져가고 있었다. 그가 외국에 있는 "잘못"의 근원에 몰두하는 바람에 미국에 있는 누구도 비난받지 않았다. 책임지려는 사람이 아무도 없을 때는 아무런 일도 행해지지 않는다.

역사학자들은 우리가 병을 이해하기에 앞서 그 병을 다른 사람 탓으로, 흔히는 우리가 홀대했던 사람들 탓으로 돌린다는 것을 알고 있다. 14세기에 기독교인들은 림프절 페스트를, 자신들이 부채를 지고 있던 유대인들을 살해하는 구실로 삼았다. 15세기와 16세기에 유럽의 선원들은 수많은 새로운 질병을 신대륙으로 옮겨놓고 하나를 들여왔다. 매독은 스페인 선원들의 몸을 통해 처음 건너왔는데, 그 때문에 영국인들은 매독을 애초에는 "스페인병"이라 불렀다. 이탈리아 사람들은 셰익스피어가 그랬듯 "프랑스 병"이라 불렀다. 폴란드 사람들은 "독일 병" 혹은 "미국 병"이라 불렀다. 러시아 사람들은 "폴란드병"이라 칭했다. 오토만 제국에서는 "기독교 병"이라고 불렸다.

전염성이 밝혀지자, 어떤 사람들은 전체 집단을 세균과 바이러스와 연결시키거나 숨은 적들이 생화학 무기를 전파했다고 주장하면서 과학을 곡해했다. 미국의 인종차별주의자들은 흑인들을 보균체로 묘사했다. 나치는 성병, 장티푸스, 결핵의 원인을 유대인에게 전가했다. 스탈린주의자들은 페스트를 미국인 탓으로 돌렸고, 차후 러시아인들은 에이즈를 두고 같은 비난을 했다. 2020년 1월에 벌써 러시아에서는 코로나 바이러스가 미국의 생화학 무기라는 주장이 제기됐다. 중국에서도 이어 같은 주장이 나온 한편, 미국의 몇몇 정치가들은 중국의 생화학 실험실을 비난했다. 공화당은 트럼프의 코로나 바이러스 대응이 참사 수준이라는 것을 인지하고 중국에 모든 비난을 떠넘기는 것으로 2020년 가을 선거 운동을 계획했다.

질병을 다른 나라의 탓으로 돌리는 일은 본질적 사실을 은폐한다. 어디서 감염이 시작되었든, 취약하기로 따지거나 책임감으로 치면 우리 모두는 본질적으로 다를 바가 없다. 다른 집단을 희생양 삼는 일은 우리의 마음을 권위주의에 비끄러맨다. 먼저, 우리는 결백하고 우월하기 때문에 면역력이 있다고 말하는 폭군을 믿게 된다. 이어 병에 걸리면, 우리는 결백하고 우월하기 때문에 다른 누군가에 의해 부당하게 공격받은 것이 틀림없다고 믿게 된다. 우리의 면역력과 우월성에 관해 우리에게 거짓을 말했던 폭군은 이제 우리의 고통과 분개를 통해 권력을 얻으려 한다. 트럼프가 국경을 닫으면서 "보이지 않는 적"을 운운하거나 코로나 바이러스를 "중국 병"이라고 언급

할 때, 그는 혼란을 초래하고 사람을 죽이는 전통에 가담하고 있는 것이다.

중국은 감염병 발발의 현실을 무시한 데 분명 책임이 있다. 그렇지만 미국의 정책은 중국이 실수를 저지른 이후 그들의 실수를 반복하는 셈이었고, 그것도 너무나 오랜 시간 동안 그렇게 했다. 그에 대해서라면 미국인들은 비난받을 수 있다.

○

토머스 제퍼슨, 벤저민 프랭클린, 그리고 미국을 설립한 다른 사람들은 계몽주의의 주창자들이었다. 계몽은 인간의 삶이 자연을 탐구하여 이해될 수 있다는 확신의 18세기적 표현이다. 계몽주의의 구호는 "알고자 하는 용기 sapere aude"였다. 이 구호를 따랐던 가장 용기 있는 인물들은 민간의 지식을 배격하고 감염의 원리를 해명했던 19세기의 남녀들이었다. 그들의 용감한 분투는 공중보건과 의무적 백신 접종을 탄생시켰는데, 20세기 인간 수명

의 연장은 대부분 이 두 가지 발전에 힘입었다.

안타깝게도 계몽은 파기될 수 있다. 우리 모두가 감염될 수 있다는 사실과, 따라서 우리 모두가 검사를 받아야 한다는 결과는 용기가 있어야 받아들일 수 있다. 트럼프는 용기가 부족했고 우리 대다수는 그가 이끄는 대로 따랐다. 우리가 세상에 대한 지식(예컨대 감염된 사람들의 수, 분포, 신원)을 갖추면 세상의 무자비함(가령 기하급수적 감염률)을 관리할 수 있다. 우리가 자연의 일부임을 받아들이지 못하면, 우리는 다스릴 수도 살아갈 수도 없다. 검사를 받지 않은 사람들은 더 쉽사리 죽음을 맞이했고, 더 쉽사리 감염을 퍼뜨려서 다른 이들을 죽게 했다. 구성원들의 상태에 관한 기초 데이터를 확보하지 못한 주지사들과 시장들의 결정은 너무 뒤늦었다.

위정자들이 일단 무지와 죽음을 받아들이고 나면, 그들의 다음 행보는 엄포를 놓고 비난하는 일이 된다. 타당한 질문을 던지는 언론인들과 생명을 살리기 위해 행동하는 지역의 지도자들은 축출되어야만 한다. 그들이 권위자들을 비겁하다고 폭로하기 때문이다. 자신들의 행동으로 인해 집단 사망을 초래한 위정자들은, 트럼프가 그러했듯 집단 사망은 불가피하며 적들의 공작이지 자신들의 잘못이 아니라고 설파할 것이며, 그러고 나서는 자기들 입맛에 맞는 방식으로 죽음을 배분할 터이다. 죽음과 죽음에 대한 두려움은 정치적 자원이 된다. 폭군은 의료 혜택을 모두에게 확대하기보다는 사람들의 죽음을 방관할 것이고 생존자들의 들끓는 감정에 편승해 권력을 유지하려 들 것이다. 미국에서 가장 먼저 그리고 가장 빨리 죽음을 맞이한 사람들은 대체로 트럼프에게 표를 던지지 않은 아프리카계 미국인들이었다.

폭군은 질병을 기회로 여겨, 자신을 삶과 죽음의 합법적 중재자로 내세운다. 트럼프는 납세자의 세금으로 구입된 자원들을 자신을 향한 주지사들의 충성도에 따라 배분되게 했다. 연방정부는 스스로 초래한 대학살로부터 발을 뺐고, 각 주에서 의료 자원 확보를 위해 자체적으로 분투하라고 지시했다. 이 불필요한 경쟁으로 인해 의료 장비와 안전 장치의 가격이 상승했고 사태는 더욱 악화되었다. 생명을 살리기 위해 애썼던 주지사들은 배신자로 불렸다. 아프리카계 미국인들은 재앙에 가까운 비율로 계속 죽어갔다.

법무부는 모든 미국인을 재판 없이 구금할 수 있는 권한을 달라고 요구했다. 그 와중에 이미 유죄가 인정된 대통령의 측근에 내려진 혐의에 대해서는 기소를 취하했다. 트럼프는 팬데믹을 빌미로 삼아 연방정부 각 기관의 감찰관들을 해임함으로써 법치를 위태롭게 했고 공직 생활의 한가운데 부패를 끌어들였다. 2020년 4월, 팬데믹은 위스콘신주의 투표를 막는 데 이용되었다. 연기될 수도 있었을 선거는 주 대법원과 연방 대법원의 판결 뒤 강행되었는데 대다수의 도시 투표소가 폐쇄된 상태였다. 이는 다가올 선거들에 그림자를 드리웠다. 트럼프는 제약 없는 투표로 인해 "여러분이 이 나라에서 다시는 공화당원을 선출하지 못하게 되리라"는 것이 문제라는 의견을 피력했다. 본인이 우편으로 투표하면서도 우편 투표를 매도했다. 4월에 트럼프는 미국인들에게 주정부를 폭력적으로 뒤집어엎으라고("해방시키라고") 부추겼다. 5월엔, 코로나 바이러스로 고생을 하다 감염병이 유행하는 동안 일자리를 잃은 조지 플로이드라는 아프리카계 미국인이 미니애폴리스 경찰관에게 죽임을 당했다. 폭군들이 행사했던 최악의 전례를 따르며 트럼프는 뒤이어 벌어진 항의 시위를 진압하기 위해 군대를 투입할 수 있다고 으름장을 놓았다.

공중보건의 위기를 맞은 우리의 실패는 미국의 민주주의가 얼마나 후퇴했는지 보여주는 신호이다. 트럼프 정권 내내 권위주의를 향한 길로 서둘러 들어서는 바람에 우리는 우리의 자유뿐만 아니라 생명마저 위협에 처하게 했다. 법이 존중받고 언론이 건실한 민주국가는 권위주의적 체제보다 팬데믹 상황에 더 훌륭하게 대처한다. 언론의 자유와 투표의 자유가 결합되어야 시민들은 통치자들이 무슨 일을 하고 있는지 알릴 수 있고 생명과 죽음의 문제에 거짓을 일삼는 인물들을 교체할 수 있다. 민주주의가 제약되면 시민들은 죽는다. 미국 민주주의에 있는 제약 중 하나는 정치에 등장하는 광범위하고 규제 없는 돈의 존재이다. 이는 위기의 순간에 살고 죽는 문제에 있어 사모펀드 기업과 보험 회사들이 환자와 의사보다 더 큰 목소리를 낸다는 뜻이다.

전 세계에 걸쳐 권위주의적 지도자들은 역병의 심각성에 관해 거짓말을 했고, 자신들의 나라는 염려 없다고 떠들었으며, 진실을 바로잡는 언론인들을 처벌했고, 자신들이 초래한 위기를 구실로 권력을 강화했다. 트럼프의 행보는 권위주의적 행태를 답습했다. 현실을 부정했고, 마법적인 면역성을 주장했으며, 기자들을 해코지했고, 본인이 초래한 문제를 다른 이들의 충성도를 가늠하는 시험대로 바꿔치기했으며, 두려움을 키워 정치적 자양분으로 삼았다. 권위주의자들은 자기 나라의 사망자 수치가 높다는 사실을 받아들이기보다 집계되지 않은 채 사람들이 죽도록 내버려둘 것이다.

미국은 세계에서 코로나 바이러스 사망자 수가 가장 많으면서도(권위주의적 생명 경시) 심각하리만큼 그 집계가 누락되어 있다(권위주의적 사실 회피). 우리는 미국의 사망자 공식 집계가 지나치게 낮다는 사실을 알고 있다. 온 나라에 걸쳐 가정과 병원에서 검사도 받지 못한 채 사람들이 죽어나갔기 때문이고, 요양원에서의 감염 사례나 사망자 집계는 거의 이루어지지 않았기 때문이며, 플로리다주가 사망자 수와 관련된 데이터를 은폐했기 때문이고, 매달 원인 규명이 되지 않은 수많은 초과 사망자들이 발생하고 있기 때문이다.

결국 권위주의자들에게서 팬데믹 상황을 저지할 유인책이라곤 거의 찾아볼 수 없는데, 그것은 그들이 조작된 두려움의 분위기에 편승하여 득을 볼 수 있기 때문이다. 그들의 발상이란 사망하는 공화당원들이나 투표하는 민주당원의 수를 세지 않는 것인 듯하다. 공중보건에는 민주주의가 필수적이지만, 미국처럼 민주주의가 허약한 나라의 공중보건 위기는 자칫 시스템의 붕괴를 초래하는 데 동원되기 십상이다. 팬데믹이 핑곗거리가 되어 투표하기가 더욱 까다로워졌다. 인종차별에 반대하는 대규모 시위가 열리자 트럼프는 폭력 대응과 진압을 촉구했다. 2020년 11월에 투표하는 사람이 줄어든다면 민주주의뿐만 아니라 공중보건에도 위기가 초래될 것이다. 질병에 관한 거짓말이 권위주의로 이어진다면 우리가 기대할 수 있는 것이라고는 더 많은 질병과 더 많은 허위일 터이다.

○

　자유를 얻기 위해 우리에게 진실이 필요하다면 인터넷
이 우리를 해방시킬 수 있을까? 우리는 빅 데이터가 우리
의 정치적 선택들을 합리적으로 만들 거라는 얘기를 들어
왔다. 2020년 1월과 2월에 실리콘 밸리는 미국인들을 돕
기 위해 아무것도 하지 않았다. 그때는 신속한 몇 가지 데
이터 분석을 통해 생명과 경제를 살릴 수도 있었던 시기
였다. 그렇게 보일 법도 했다. 그러나 그런 일은 일어나지
않았다. 빅 데이터는 사람이 살아가기 위해 필요한 지식
과 동일하지 않기 때문이다. 기계들에게 있어 생명, 건강,
자유 같은 가치는 무용지물이다. 미국이 지닌 무지막지한
컴퓨터 능력은 우리에게 별 소용이 없었다.

　데이터 회사를 경영하는 사람들은 수학적 관점에서의
전염의 원리를 이해했기에 직원들을 집으로 돌려보냈다.
그런데 그들이 그런 조치를 취한 바로 그날, 다른 사람들
에게도 마찬가지 충고를 했던가? 여러분의 뉴스 피드가

여러분에게 손을 씻고 전화기를 닦으라고 상기시킨 적이 있던가? 그러지 못했다. 그런 조치를 취하면 접속 중인 당신을 방해할 수 있기 때문이다. 소셜 미디어 회사들의 경영 모델은 눈동자를 화면에 고정시키고 손을 터치패드에 머물게 해서 광고주들이 당신의 감정을 추적할 수 있게 하는 것이다. 인간의 신체는 비활성 상태일 때 가장 추적하기 쉽다. 인터넷 시대는 비만의 시대이다. 미국인의 3분의 1이 비만이며, 비만 상태의 미국인들이야말로 코로나 바이러스로 사망할 위험이 가장 높다.

'데이터'라는 용어는 더 이상 예전의 의미가 아니다. 지금 그 말은 우리가 알지 못하는 것들을 뜻한다. 소셜 미디어 회사들은 당신을 알고 있지만, 당신은 그들에 대해 알지 못한다. 그들이 당신에 관해 무엇을 알고 있는지도 알지 못하고, 그들이 어떻게 그 정보를 알아냈으며 혹은 그 정보로 무슨 일을 꾸밀지 역시 알지 못한다. 대체로 빅 데이터는 당신의 몸이 세상에서 어떻게 더 잘 활동할 수 있는지가 아니라 이윤을 위해 당신의 마음을 어떻게 조종할 수 있는지와 관련이 있다. 빅 데이터는 우리의 특정한 열망과 두려움을 드러내 보일 수는 있지만 우리의 공통된 필요를 밝혀주지는 못한다.

바로 그런 이유로 빅 데이터는 2020년 초에 우리가 누렸어야 했던 것들, 즉 수천만 번의 검사와 대량의 보호장비와 산소호흡기의 비축에 대해 알려주지 않았다. 알다시피 빅 데이터는 어떤 사람들이 어떤 물품을 비축하고 싶어하는지 파악하고 그들을 중국의 거래처와 연결시켜주는 일에 능하다. 그러나 코로나 바이러스가 창궐해서 삶이 위기에 처했을 때, 빅 데이터는 한 개인의 감염 여부조차 판별할 능력이 없었다. 오직 사람에 의한 사람의 검사만이 우리에게 우리가 필요한 지식을 전해준다. 우리에게 절실한 진실은 한 번에 한 사람씩을 통해서만 얻어진다. 과학을 신뢰하고 함께 협력하기 위해 충분히 애쓸 때에만 우리는 진실을 얻게 된다. 어떤 기계도 우리를 위해 이 일을 해줄 수 없다.

그 어떤 소셜 플랫폼도 건강을 증진시킬 수 없다. 그런 목표가 입력된 알고리즘이라면 사람들에게 컴퓨터를 멈추고, 손을 씻고, 적당한 운동을 하라고 경고할 것이기 때문이다. 그 어떤 소셜 플랫폼도 자유를 증진시킬 수 없다. 소셜 플랫폼의 목표는 중독이기 때문이다. 그 어떤 소셜 플랫폼도 진실을 촉진하지 못한다. 에우리피데스가 2500년 전에 깨달은 것처럼, 진실은 인간이 무릅쓰는 용기의 문제이기 때문이다. 우리가 언론의 자유에 민감한 까닭은 기계가 우리의 가장 저급한 본능의 구덩이에 끝없이 쓰레기를 버릴 수 있기 때문이 아니라, 다른 사람들이 알지 못하고 권력이 감추길 원하는 모종의 진실을 개별 인간 존재가 말할 수 있기 때문이다.

○

기자는 우리 시대의 영웅이다. 그리고 모든 시대의 모든 영웅이 그러하듯, 영웅적 기자는 흔치 않다. 민주주의 국가가 늘 필요로 하고 2020년 초반에 우리가 절실하게 원했던 것은 눈에 보이지 않는 빅 데이터가 아니라 눈에 보이는 사소한 진실이었다. 그 지역 사람들이 그 지역 사람들을 위해, 그리고 모두의 나은 삶을 위해 전하는 지역 뉴스가 필요했다. 신종 코로나 바이러스가 미국 전역에 걸쳐 소리 없이 퍼지게 된 이유 중 하나는 우리가 한때 당연하게 여겼던 초기 경보 시스템, 즉 자신들의 지역공동체에서 발생한 새로운 질병을 감지해낼 만한 기자들이 미국에 부족했기 때문이다.

의료 검사와 마찬가지로 보도는 사실을 만들어내는 방도이다. 기자는 객관성을 목표로 삼고, 감정을 멀리하면서 사건에 다가간다. 지역 신문은 우리가 공유하는 세상의 의미를 전달한다. 그들이 획득한 지식은 신뢰할 만하다. 의료 검사와 마찬가지로 보도는 귀 기울일 필요가 있는 사실들을 우리에게 들려준다. 언론의 자유는 우리에게 토론할 거리가 있을 때 그 의미를 획득한다.

뜻 없는 대통령을 압박하여, 비록 산발적이고 뒤늦었지만 코로나 바이러스의 현실과 대면하게 촉구함으로써 언론인들은 2020년 초반에 미국인들의 생명을 구했다. 안타깝게도 많은 미국인들은 트럼프의 마법과 기자들의 사실 확인 간의 대결을 당파적인 의견 대립으로 보았다. 코로나 바이러스는 추상적인 이야기로 보였다. 미국인들에게는 자기 지역의 정보가 거의 혹은 전혀 없었기 때문이다. 자신들의 지역공동체에 이미 바이러스가 창궐했음을 알지 못했기에, 병원들이 이미 예상치 못한 호흡기 질환과 씨름하고 있음을 알지 못했기에, 그리고 요양원들에 벌써 시체가 쌓이고 있음을 알지 못했기에, 백악관에서 벌어지는 논쟁은 건강이 아니라 정치의 문제로, 전염병 과학이 아니라 이데올로기의 문제로 보였다.

코로나 바이러스는 우리에게 지역 언론인들이 부족했기 때문에 적절하게 보도될 수 없었던 지역 뉴스였다. 대부분의 미국 카운티에는 이렇다 할 신문이 더 이상 존재하지 않는다. 우선, 미디어가 더 거대한 그룹으로 중앙 집중되었다. 게다가 2007년과 2008년의 금융 위기로 인해 많은 언론인들은 생계에 큰 타격을 입었다. 그 뒤로 소셜 미디어가 융성하는 바람에 공교롭게도 언론계 일자리는 드디어 끝장이 났다. 페이스북과 구글은 뉴스를 보도하지 않으면서도 신문들이 한때 나눠 가졌던 광고 수입을 독차지한다.

소셜 미디어가 지역 언론을 소멸시킨 자리에서 불신과

무지가 득세한다. 단순히 진실이 사라진 것만이 문제가 아니다. 감염병 대유행과 관련된 소식을 포함해, 소셜 미디어가 신문의 검증을 받았다면 결코 통과하지 못했을 터무니없는 거짓을 퍼뜨리고 있다는 게 문제이다. 기자들의 활동은 진실과 행복의 가치를 숭상했고 그리하여 신뢰를 만드는 데 일조했다. 지역 언론이 쇠퇴함으로써 미국의 관심은 국가 차원의 이야기와 이데올로기, 그리고 해를 끼칠 요량으로 고안된 음모 이론으로 옮겨 갔다.

미국 대부분의 지역은 현재 뉴스의 불모지다. 뉴스의 불모지는 우리에게서 일상 생활에 필요한 정보들을 빼앗아감으로써, 나아가 건강과 자유를 지키기 위해 행동에 나서야 할 중차대한 순간에 우리를 혼란에 빠지게 만듦으로써, 우리를 죽음에 이르게 한다. 비근한 사례는 환경오염이다. 지역 언론인들이 부재하기에 어느 누구도 정치가들과 기업들 간의 부적절한 관계를 감독하지 못한다. 물과 공기를 오염시키는 프로젝트들이 홍보를 통해 쉽사리 일을 벌인다. 지역 언론인들이 없으면 어느 누구도 건강 관련 민원에 마땅히 응대하거나 물과 공기를 검사하지 않는다.

켄터키주 루이빌시의 〈커리어 저널〉은 한때 노천 채굴과 오하이오강의 오염, 그리고 하수 찌꺼기와 방사능 폐기물의 투기 행위에 조치를 취하게끔 압박했다. 지금은 그 지역의 (아니 미국 전역의) 어떤 기자도 환경 문제를 담당하지 않기에 이러한 사업들은 제멋대로 시행된다. 어느 누구도 과다 벌목, 산꼭대기 채굴, 혹은 방치된 탄광의 위험 같은 지속적 위협 사안들을 보도하지 않을 것이다. 예견된 위험들이 모습을 드러낼 것이고, 아무것도 보도되지 않을 것이고, 사람들은 죽어나갈 것이다.

트럼프 행정부는 사람들이 코로나 바이러스로 죽게 될 확률이 환경오염으로 인해 늘어날 것이 분명한데도, 코로나 바이러스를 구실로 삼아 환경오염을 합법화했다. 합법화의 결과들을 취재 보도할 기자들이 우리에겐 없다.

뉴스의 불모가 얼마나 치명적인지 보여주는 두 번째 사례는 지역 뉴스의 몰락과 때를 나란히 한 마약성 약물 위기이다. 동부 켄터키, 서부 펜실베이니아, 웨스트 버지니아, 남부 오하이오 같은 지역에 사는 미국인들은 마약성 약물이 머리기사를 차지하기 훨씬 전부터 사람들이 무언가 끔찍한 일에 빠져 헤어나오지 못하고 있다는 사실을 알고 있었다. 주요 언론이 그 사태를 보도하기 수년 전부터 마약성 약물 남용은 마치 암과 같았다. 어쩌면 함께 앉은 누군가가 연루된 일일 터이기에, 누구도 저녁식사 자리에서 입에 올릴 엄두를 내지 못하던 주제였다. 그 참사의 전국적 면모가 밝혀지기까지 10년이 걸렸다.

마약성 약물 문제에 대응하기 위해 뒤늦게 취해진 조치들은 지금 코로나 바이러스의 확산으로 인해 위태로운 상황에 처하게 되었고, 그것은 조사와 치료를 더욱 힘들게 만들고 있다. 새로운 감염병을 촉발한 탓에 먼저 있던 병을 확대시켜버린 꼴이다.

2020년 지역 언론인들의 부족은 환경오염과 마약성 약물 위기 경우에 그랬던 것과 비슷하게, 코로나 바이러스의 결과에도 영향을 미쳤다. 우리에겐 전국적 참사를 규명해줄 사람들이 부재했다. 우리는 여전히, 이것이 어느 지역에 가장 먼저 닥쳤는지 알지 못한다. 감염병 대유행이 시작된 지 몇 달이 지났지만 수백만 명의 미국인들은 여전히 워싱턴에서 오는 낌새와 동향에 반응하고 있을 뿐이다. 그 질병이 이미 자신들의 이웃을 감염시키고 있다는 사실을 알려줄 지역 언론인들이 아무도 없기 때문이다. 소셜 미디어가 지역 신문의 자리를 대체해버렸기 때문에 음모 이론들이 퍼진다. 러시아나 중국에서 흘러온 선동 문구들이 동네 주변의 현실보다도 더 손쉽게 저녁 식탁의 화제로 등장한다.

사망자들의 모습을 전달하는 일은 지역 기자들의 몫이다. 요양원에서 벌어지는 집단 사망에 관해 보도한 것도 그들이었다. 지역 기자들은 시신들이 방치되고 있던 장소들을 찾아냈고, 사망한 간호사들과 의사들의 이름을 기록으로 남겼다. 그들은 주정부가 사망 관련 수치들을 은폐한 사례들을 밝혀냈다. 안타깝게도 확신할 수 있는 것은 우리가 그런 이야기의 대부분을 잃었다는 사실이다. 단지 그런 이야기를 보도해줄 기자들이 충분치 않았기 때문에.

○

폴란드 출신의 위대한 낭만파 시인인 아담 미츠키에비치의 한 유명한 시는 다음과 같은 구절로 시작된다.

　리투아니아! 나의 조국! 그대는 건강과 같구나.
　잃어버린 자만이 그대의 진정한 가치를 알 수 있으니.

　건강은 정말로 그와 같다. 사라지고 나야 고마움을 느낀다. 진실은 건강과 같다. 사라지고 나야 그리워한다. 사라져가고 있으니 이제야 우리는 의료 혜택에 대해 아는 것과 지역사회에 대해 아는 것이 얼마나 중요한지 가늠할 수 있다.

　건강을 송두리째 잃고 죽어버리면, 건강을 향한 염원이라는 것도 사라진다. 이와 비슷한 이치가 진실에도 통용된다. 사실을 밝히는 사람들을 잃게 되면, 우리는 진실이라는 개념 자체를 잃어버릴 위험에 처한다. 건강이 앎에 달려 있기에 진실의 죽음은 사람들의 죽음을 초래한다. 진실의 죽음은 민주주의의 죽음 또한 초래한다. 국민은, 그들이 오직 권력으로부터 자신을 지키는 데 필요한 사실들을 알고 있을 때만 통치할 수 있기 때문이다. 모든 미국인이 진실을 거부당했기 때문에 우리 가운데 15만 명이 넘는 사람이 불필요하게 죽었다. 지금 우리에게는 무슨 일이 벌어졌는지에 관한 진실이 절실히 필요하다. 그런 일이 다시는 생기지 않도록 하기 위해서이다.

우리는 건강 없이 자유로울 수 없고, 앎 없이 건강할 수 없다. 이 앎은 개별 인간 혼자의 힘으로는 생성시킬 수 없다. 우리에게는 진실의 가치에 대한 광범위한 믿음, 진실을 밝히는 일에 전념하는 전문가들, 그들을 뒷받침해줄 튼튼한 제도들이 필요하다. 이것은 자유가 지닌 역설의 한 예이다. 우리는 도움 없이 우리가 될 수 없다. 다른 사람들과의 연대 없이 고독 속에서 번성할 수 없다. 우리가 취하는 행동들의 더 큰 의미를 깨닫게 해주는 사실의 세계를 공유할 때, 우리는 비로소 고독과 연대의 균형을 맞출 수 있다. 팬데믹 시기에 우리가 고독을 선택할 수 있는 까닭은, 우리가 함께 살며 함께 번성하고 싶은 다른 이들과 연대하기 때문이다. 지역의 언론인들은 우리에게 위험에 대해 경고하고, 우리가 도전을 마주할 수 있게 도와주며, 이데올로기의 분열적 망상들과 테크놀로지의 중독적 감정들로부터 우리를 보호해준다.

내가 이 글을 쓰는 지금도 우리는 여전히 더욱더 많이 코로나 바이러스 검사를 해야 한다. 앞날을 위해 우리에게는 독립 지역 언론을 후원하는 지속적인 정책이 필요하다. 진실의 회복과 그 진실을 건강에 적용하는 일은, 팬데믹에 맞서는 대응책의 일환으로 시작될 수 있다. 2009년 우리는 지역 신문들을 구제했어야 했다. 2020년 우리는 그들을 구제했어야 했다. 지역 언론인들의 노동을 착취하고 그들의 생계수단을 파괴함으로써 미국의 정신을 보다 초라하게 만들고 미국의 건강을 보다 악화시켰던 소셜 미디어에 세금을 부과한다면 지역 언론을 소생시킬 수 있을 터이다.

그렇지만 진실에 대한 헌신은 집단 사망을 상쇄하기 위한 반대급부 그 이상으로 나아가야만 한다. 우리는 또한 건강한 삶을 영위하는 것과 관련해 우리가 알고 있는 것을 스스로 상기할 필요가 있다. 현재 미국의 상업적 민영 의료 시스템은 우리에게 기본사항들을 알려주는 데 인색하다. 전통 미디어의 권력 집중화는 마침내 소셜 미디어라는 블랙홀로 폭발해 들어갔고, 소셜 미디어는 사실을 생산하지는 않으면서 소비만 일삼는다. 이와 유사하게 상업적 민영의료의 권력 집중화는 의사들의 목소리를 약화시켜, 서서히 그들을 병원을 소유하거나 약품을 판매하는 기업들의 대변인으로 변모시킨다. 의사들이 알고 있는 것을 듣는 일은 점점 더 어려워지고, 마침내 돈이 되는 일에 밀려난다.

의사들에게는 진실에 다다르는 자신들만의 방도가 있다. 과학적 검사뿐만 아니라 환자와의 대화도 있다. 의사들은 우리가 사실의 세계를 복구할 수 있게 도와줄 수 있다. 그러나 우리가 그들이 받아 마땅한 존중심으로 그들을 대할 때만 그렇게 될 수 있다.

네 번째 교훈

|

의사들이 권한을 가져야 한다

이제 나는 부모이고 내 부모들은 조부모이니 나는 내가 어렸을 때, 그러니까 어머니가 "어렴풋한" 1970년대라고 부르는 시절에 그들에게 배운 것들을 자주 생각한다. 어린 시절 어머니와 아버지가 나와 내 두 형제를 데리고 보내준 시간은 하루하루, 수십 년에 걸쳐 여전히 중요하다. 나는 이 점에 고마워하며 부모님 생신 때면 함께한 특별한 추억들을 떠올리려고 애쓴다. 그렇지만 어머니의 가장 최근 생신은 챙기지 못했다. 플로리다의 병원에 있었던 탓이다.

어머니 생신날에서 크리스마스이브까지 플로리다 병원에서 이틀 낮과 하룻밤을 보내는 동안 나는 너무 초조해서 잠을 잘 수 없었다. 손발이 욱신거리고 뜨거웠다. 낮에 수많은 검사를 받았지만 어떤 의사도 검사 결과를 설명해주기 위해 들르지 않았다. 그래서 나는 창밖을 바라보았다. 하늘에 떠오른 달을 쳐다보았고 밤새도록 달에서 눈을 떼지 않았다. 병상일기에 그려놓은 달 그림은 마치 아이의 그림 같았다. 병원 뒤편으로 해가 떠올랐을 때도 나는 시선을 고정한 채 달이 사라질 때까지 그 모습을 마음에 담아두려고 애썼다. 달은 점점 기울다가, 사라졌다가, 다시 나타나길 세 차례 거듭했고 그러고 나서 아주 사라져버렸다.

날이 밝자 내 시야로 엄청난 규모의 병원 건물이 들어왔다. 각 건물은 명랑한 느낌을 주려는 파스텔색으로 칠해져 있었다. 환한 벽들은 평평한 검은색 아스팔트 지붕과 만나는 곳에서 돌연 끝나버렸는데, 지붕 위로는 쓰레기 더미가 쌓여 있었다. 공기를 가득 품은 비닐봉지들이 하루 종일 지붕 위를 떠다니는 것으로 보아 바람이 불고 있다는 것을 알 수 있었다. 나는 비닐봉지들을 물끄러미 바라보며 그것들이 어디서 왔고 무엇을 담고 있었는지, 그리고 멕시코만 어디서 어느 야생동물의 목을 죄게 될지 생각했다. 눈을 아래로 돌려 나는 마찬가지로 색색의 옷을 입고 오가는 사람들을 바라보았다. 내 병실은 직원 출입구 위쪽에 있는 것이 분명했다. 창문 아래로 들고 나는 사람들 거의 모두가 수술복을 입고 있었기 때문이다.

그들 중 의사는 얼마 되지 않았다. 나는 응급실 환자로 병원에 입원한 경우였고 치사 장애가 있는지 검사를 받았지만, 건물 내부에서도 그리 많은 의사들을 만나지는 못했다. 첫날 반나절 동안, 응급병동 복도에서, 의사 한 명과 고작 3분 면담했다. 의사는 내 증세가 앞으로 보여줄지도 모를 극적인 죽음의 모습을 근사하게 맛보게 해주었다. 허리천자를 받는 동안 두 번째 의사를 만났는데, 등 뒤에 주삿바늘을 꽂고 배를 깔고 누운 것이 진찰이라면 진찰이었다. 방사선과 의사는 분명 내 스캔 사진을 들여다보았지만 나는 볼 수 없었고 결과도 알지 못했다. 한 병원 관계자는 한 번은 5분 동안 그다음엔 4분 정도 나와 얘기했고, 신경과 전문의와는 스카이프로 15분간 면담했다(신경계를 스카이프로 진찰할 수는 없다). 충분할 리 없지만 늘 이런 식이다. 미국의 병원에서는 한 명의 의사가 하나의 증례만 담당하는 일은 거의 없는 듯하고, 환자들은 권한이 있는 누구라도 붙잡고 얘기하고 싶은 초조한 심정이 된다.

우리는 검사의 기술과 대화의 기술 사이에서 균형을 맞추지 못한다. 물론 독일과 오스트리아 의사들도 때때로 그러하듯 다른 한쪽으로 지나치게 멀리 쏠리는 실수도 하게 마련이고, 진짜로 필요한 검사와 투약(특히 항생제 처방)을 정당한 이유로 외면할 수도 있다. 2019년 봄 빈에서 아들이 세균성 폐렴에 걸렸었는데, 의사들에게 세균성 감염 여부를 판단할 검사를 해달라고 설득하느라 상당히 애를 먹었다. 나처럼 내 아들도 크게 아프다는 얘길 안 했고 남자 의사들은 아내의 얘기를 그다지 진지하게 여기지 않았던 탓에, 대화를 바탕으로 한 시스템은 작동하지 못했다. 그건 그랬지만, 일단 진단이 내려지고 나자 아들은 의사와 간호사의 세심하고 훌륭한 보살핌을 받으며 필요한 기간만큼 병원에 머물 수 있었다. 치료비도 들지 않았다. 아홉 살 생일날에 자기가 태어난 병원에 입원한 셈이었는데, 그 사실에 간호사들과 의사들은 요란한 관심을 보였다.

2019년 12월 뮌헨에서 아팠을 때 나 역시 더 많이 통증을 호소했어야 했고, 의사들은 더 많이 기술의 도움을 받았어야 했다. 만약 독일 의사들이 CT 촬영을 지시했다면, 그들은 부어오른 맹장을 발견했을 확률이 크고 이를 근거로 항생제 투여나 수술로 진행됐을 터였다. 그건 그랬지만, 만일 내가 독일에서 치료를 받았다면, 나는 병원에 더 오래 머물 수 있었을 테고 적절한 항생제 치료와 보살핌을 받았을 것이다. 맹장수술 직후에 2차감염에 관한 어떤 주의사항도 전달받지 못한 채 병원에서 쫓겨나는 염가 시스템 같은 재앙은 가능하지도, 그러니 상상할 수도 없었을 것이다. 나 자신의 상태를 알지 못한 채 플로리다의 병원으로 실려오게 만든 것은 바로 그 시스템에 따른 시나리오였다.

의사의 수급은 부족했지만 플로리다의 병원이 놀라울

만큼 많은 인원을 보유하고 있었던 것은 카키색 반바지 차림에 야구 모자를 쓴 나이 든 자원봉사자들이었다. 그들은 친절하게 인사하면서 언제든지 환자들을 날쌘 흰색 골프 카트에 태워 한 파스텔색 건물에서 다른 건물로 데려다줄 태세였다. 그들은 또 환자들의 병실에 들러서 도움이 필요한지 묻기도 했다. 알고 보니 치료를 받는 동안 내 기본 태도는 상냥하고 협조적인 편이었다. 한 자원봉사자가 내게 병원 생활이 어떤지 물었을 때 나는 모든 게 아주 괜찮다고 말했던 것이다. 한마디 해도 된다면 의사보기가 힘든 것이 아쉽다고 했다. 간호사들과 간호조무사들은 도대체가 의사들이 언제 회진을 도는지, 누가 당번 의사인지조차 모르는 것 같다는 말도 덧붙였다.

친절한 노신사는 말했다. "놀라시겠지만 모두가 그 얘기 합니다."

○

문제는 의사들이 환자들과 공조하고 싶어하지 않는다

는 것이 아니다. 작금의 우리가 목도하듯, 의사들은 다른 사람들의 목숨을 구하기 위해 과로를 서슴지 않고 자신의 목숨을 무릅쓰기도 한다. 문제는 의사들이 주변에서 벌어지는 일들에 대해 거의 목소리를 낼 수 없고, 더 큰 권력의 비위를 맞추는 데 시간과 에너지를 허비한다는 점이다. 그들에게는 더 이상 환자들이 기대하고 요구하는 권위가 없다. 매일 의사들은 환자들에게, 그들이 실제보다 더 중요한 사람들인 양 처신해야 한다. 의사들이 얼마만큼이나 노예의 처지가 되어버렸는지 알게 된다면, 환자들은 병원에 오길 꺼릴 것이고 병원의 수입은 줄어들 것이다. 미국의 의사들은 광고 소품이 되어가는 중이다. 간판 남녀들이 훈련된 미소를 띠고, 서로 경쟁하는 병원들이 벌이는 주먹구구식 땜질 진료의 빈틈을 가린다.

팬데믹은 민낯이 드러난 순간이었고, 우리는 사회와 정치 영역에서 의사들의 존재가 미미하다는 것을 알 수 있었다. 코로나 바이러스는 상업용 부동산 소유자들처럼 이 질병과 상관없는 경제적 이해관계가 있는 사람들의 배를 불리는 금전적 노다지였다. 트럼프의 대통령 선거 운동을 돕는 회사들과 그 운동에 기부한 기업주들을 위한 수문이 활짝 열렸다. 미국에서 가장 부유한 사람들이 사는 지역은 아무런 분명한 이유도 없이 200만 달러를 지원받았다. 보험 회사들과 사모펀드 기업들은 정책에 입김을 불어넣었지만 의사들과 환자들은 그렇지 못했다.

2020년의 경제적 파탄은 사실상 공중보건의 위기였지만 의사들 어느 누구도 조언을 하기 위해 모이지 않았다. 구제책이 논의되고 있을 때, 우리는 합당한 자금 운용에 대해 의견을 내는 의사와 간호사를 방송에서 보지 못했다. 연방정부는 우리에게 정말로 필요한 마스크, 방호복, 산소호흡기 같은 것들을 구입하지도 않으면서 2조 달러를 지출했다. 3월 초에 들어서자, 미국에서 생산된 마스크를 중국에 수출하는 것이 사실상 트럼프 행정부의 정책이었다. 2020년 3월, 의료 등급 N95 마스크를 선적한 화물은 단 한 개도 미국 땅을 밟지 못했다.

나는 아직도 치료 중이며 여러 검사를 받고 있다. 그래서 이 사태가 초래한 여러 결과들을 목도하고 있다. 기침을 하면서 마스크도 쓰지 않은 기사가 진행하는 초음파 검사를 받을 때, 나는 불안하기 짝이 없었다. 의사들이 실권자였다면 그런 장면들은 생겨나지 않았을 것이다. 처음부터 검사를 최우선순위에 두었을 터이니 애초에 대유행이 진행되지 않았을 것이다. 의사들에게 권한이 있었다면, 필수 장비도 없이 팬데믹에 맞서 분투하지 않았을 것이다. 의사들이 관장했다면, 충분한 수량의 마스크도 없이 몇 달 동안이나 매일같이 감염성 질병으로 가득한 병실에 들어서는 일은 없었을 것이다.

길 건너 이웃집에서 어린아이 셋을 데리고 사는 한 여자 의사는 지역 병원에서 코로나 바이러스 환자들을 돌보는 중이었는데, 동네 주민들에게 이메일을 보내 여분의 마스크를 구할 수 있는지 물었다. "(제가 쓰는) 소형 N95 마스크가 병원에서 동이 났어요." 그가 일하는 병원처럼 비품 상황이 좀 더 나은 병원에서도 의사들은 일회용으로 쓰고 버리게 되어 있는 마스크를 일주일에 하나밖에 얻지 못하고 있었다. 의사들은 귀가할 때 자기 이름이 쓰인 갈색 종이봉투에 마스크를 보관했고 다음 날 다시 착용했다. 한국 의사들은 SF 영화에서 걸어 나온 사람들처럼 보였건만, 미국 의사들은 구세군에서 나온 사람들 같았다.

미국 전역에 걸쳐 병원 종사자들은 마땅한 수준 이상으로 바이러스에 노출되어 있었다. 검사도 적절한 개별 보호 장비도 없이 그들은 자신들이 가늠할 수도 없고 회피할 수도 없는 위험을 무릅썼다. 그들은 이러한 위험에 관해 공개적인 목소리를 낼 수 없었다. 민간 병원의 소유주들이 자기 병원의 브랜드를 보호했기 때문이다. 상업적 민영의료 체제에서 의사들은 환자의 몸, 그리고 자신의 몸을 진정으로 염려하는 현실 속 인물이 아니라, 광고판과 구내 홍보 영상물에서 일률적으로 미소 짓는 화면 속 얼굴이 되어야만 한다. 의사들과 간호사들이 개인 방호복을 일터에 가져왔다는 이유로 해고되었는데, 그 때문에 병원 비축품이 부족하다는 사실이 드러났다는 게 이유였다. 민영의료 시스템은 의견 표출과 관련한 언론의 자유를 막아버렸다. 의사들과 간호사들에게 고용주들로부터 함구령이 내려졌기 때문에, 우리는 우리가 이런 어처구니없는 일들에 관해 들었어야 마땅한 것들을 거의 듣지 못했다. 미국의학협회 회장은 "의사들이 환자들의 이익을 최우선으로 옹호할 수 있는 자유"를 호소해야 했다.

병이 깊었을 때 나는 의사인 내 장인과 자주 얘기를 나누었다. 개인 진료, 병원 회진, 그리고 실습 수업에 더해, 장인은 펜실베이니아주에 있는 한 요양원의 담당의사이기도 했다. 장인은 그곳에서 확진 판정을 받았다. 동일 시설에 근무하는 한 간병인은 11명의 환자와 마찬가지로 목숨을 잃었다. 장모는 뇌졸중이 왔다. 코로나 바이러스와 연관된 혈전 때문인 것 같았다. 장모는 검사를 받지 못했고, 따라서 확실한 원인을 알 수가 없다. 내가 확실하게 말할 수 있는 것은 그분이 더 이상 손주들의 이름을 기억하지 못한다는 사실이다.

오하이오주에서 검사가 시작되었을 때 양성 결과의 5분의 1이 의료진에서 나왔다. 전국 각지에서 의사들이 사망했다. 사망자 가운데는 한 공공 병원에서 코로나 바이러스 환자를 치료하기 위해 위험을 무릅쓰기로 한 총애받는 의사도 있었고, 코로나 바이러스로 인해 사망한 너무 많은 주검들을 목격한 뒤 스스로 목숨을 끊은 응급실 의사도 있었다. 간호사들 역시 목숨을 잃었다. 교도소에서 근무했던 간호사, 바이러스에 감염된 동료를 돌보던 간호사, 딸아이가 자기 아빠는 끄떡없을 거라고 생각했다던 간호사, "엄마 없이 우린 아무도 살아갈 수 없어"라는 절박한 문자를 보낸 딸을 둔 간호사. 세인트루이스에서 최초로 알려진 희생자는 아프리카계 미국인 간호사였다. 간호조무사들, 기사들, 구급대원들, 환자이송원들, 그들 모두가 병에 걸렸다. 병원에 입원했을 때 나는 청소 담당 직원들이 아마도 가장 중요한 한 가지 일을 맡고 있다고 생각했다. 그들도 마찬가지로 병에 걸렸다. 걸프전 참전군인이었던 경비원도 목숨을 잃었다.

더 나이 든 참전군인들은 수십 명씩 요양원에서 죽음을 맞았다. 트럼프는 이 유행병 사태를 내내 "전쟁"이라고 칭했는데, 이 발언은 1년에 군비로 지출하는 7000억 달러가 도대체 얼마나 많은 바이러스를 막은 것인지(제로였다) 의구심을 갖게 만들었다. 공공방위에 쓰이는 군비는 공중보건에 더 유용하게 쓰일 수 있다. 트럼프가 이 사태를 전쟁에 비유한 짓은 옳지 않다. 자신의 권위주의적 무능력이 마치 예상치 못하게 적이 공격한 결과인 것처럼 호도하기 때문이다. 만일 이 사태가 전쟁이라면, 이는 사령관이 모든 경고를 무시하고 무기도 방탄복도 없이 병력을 전선으로 내몬 전쟁이다. 병사들이 자신들이 목격한 일을 증언할 권리를 갖지 못한 전쟁이며, 침묵하는 세대의 전쟁이 아니라 침묵을 강요당한 세대의 전쟁이다. 2차 세계대전 이래―이 사실조차 바뀔 수 있다―그 어떤 전쟁보다 더 많은 미국인의 목숨을 앗아간 전쟁이다.

。

내가 병에 걸렸을 때, 적절한 진단과 치료를 받기 위해 병원에 충분히 오래 머무르는 일은 쉽지 않았다. 처음 세 번의 입원은 각각 하룻밤을 넘기지 못했다. 셋 중 한 번이라도 다만 하루 이상 머물 수 있었다면, 내 상태는 더 빨리 진단되고 치료될 수 있었을 터이고 내가 사경을 헤매는 지경까지 가는 일은 결코 생기지 않았을 것이다. 미국의 병원에 입원할 때면 언제나 나는 퇴원하라는 압박에 시달렸다. 거의 죽을 뻔했던 날 밤 병원 로비에서는 환영은 둘째치고 걱정하는 느낌조차 받을 수 없었다. 12월 29일 응급실에서는 스산한 기운마저 느꼈다. 다음 날 몸을 조금 움직일 수 있게 되었을 때 나는 병상일기에 이렇게 적었다. "의사들은 탈진을 얘기했다. 독감? 약물 주사를 놔드릴게요. 내가 나가주길 원한 건가? 오늘 말로는 패혈증이란다."

상업적 민영의료는 병상 확보를 둘러싼 신경전을 뜻한다. 코로나 바이러스 유행병이 미국에 다다랐을 때 우리에겐 충분한 병상이 없었다. 처음엔 이상하게 보일 수도 있는 상황이다. 감염병은 늘 있었던 일이 아닌가? 평상시에 사용되는 것보다 더 많은 병상이 필요한 수많은 사례들이 있지 않았나? 추가 병상이 전혀 없었던 이유, 맹장수술을 받은 미국인들이 너무 빨리 집으로 돌아가는 이유, 아이를 낳은 산모들이 분만병동에서 때이르게 쫓겨나는 이유, 그것은 우리에게 민영의료 시스템이 있기 때문이다. 근본적인 셈법이 돈벌이인 시스템.

병상 부족 사태를 이해하려면 시간에 딱 맞춘 분만 시스템을 떠올리는 것이 도움이 된다. 영리병원들은 그들이 유지하고 판매하는 데 필요한 딱 그만큼의, 더도 아니고 덜도 아닌 딱 그만큼의 병실 공간만을 두고 싶어한다. 병원에게 사람의 몸은 제시간에 날라지고 교체되고 내보내야 하는 물건이다. 너무 많은 수의 인체나 너무 적은 수의 인체가 있어서는 안 된다. 딱 맞는 수의 병상에 딱 맞는 수의 몸이 있어야 한다. 선량한 의사들, 선량한 간호사들, 그리고 선량한 조무사들은 내내 이 논리에 맞서 싸우지만, 그들은 산꼭대기 위로 바위를 밀어 올리고 있는 처지다.

병상을 유지하는 일에는 비용이 든다. 미국의 민영의료 시스템에서는 어떤 병원도, 다른 병원들이 그렇게 하지 않는데, 여분의 병상을 유지하려고 하지 않는다. 금전 논리가 의료 논리를 지배하는 한, 미국은 항상 감염병에 무방비 상태일 수밖에 없다. 여분의 병상은 결코 있을 수 없고 여분의 보호 장비나 산소호흡기가 있을 리도 만무하다. 분기별 수익에 목을 매는 관리자들은 10년에 한 번꼴로 도래하는 감염병을 고려 대상에 넣을 리가 없다. 유행병이 돌 때마다 그 상황은 예외 상황으로 규정될 것이고, 병상 부족 사태는 비상 상황을, 비상 상황에 마땅한 이상으로 악화시킬 것이다. 그렇게 되면 돈이 여기저기로 날아다닐 것이다. 의사들에게 필요한지 물을 리 없으니, 의사들이 바라는 곳이 아니라 가장 떠들썩한 목소리를 내는 경제의 영역으로 날아갈 것이다. 이런 일이 지금 막 벌어졌고, 이런 상황은 민영의료 시스템이 지속되는 한 계속될 것이다.

안타깝게도 병원에서 인간의 몸은 하나의 장치이다. 친절한 조무사들, 유능한 간호사들, 그리고 빼어난 의사들이 장치를 인간으로 대하려고 애쓰지만 이들은 시스템의 제약을 받는다. 딱 맞는 기간 동안만 딱 맞는 종류의 질병을 앓아주면 인체는 수입을 창출한다. 특정한 질병들, 특히 수술과 약물로 치료할 수 있는(혹은 치료할 수 있다고 알려진) 질병들은 돈벌이가 된다. 당신을 건강하게 만들고 회복시키고 나아가 살 수 있게 만든다고 해서 어느 누가 경제적 혜택을 받는 것이 아니다. 건강과 삶은 인간적 가치이지 금전적 가치가 아니다. 사람의 몸을 치료하는 일에서 아무런 규제도 받지 않는 시장은 인간의 번영이 아니라 돈이 되는 질병을 양산한다.

물론 병원에 있는 많은 사람들은 정말로 건강에 신경을 쓴다. 내게 진실을 들려주었던 의사들, 조언하고 격려하기 위해 병실에 들렀던 간호사들, 내 병상을 밀면서 쾌활하게 소소한 이야기를 건넸던 수송원들, 배액 주머니를 묶을 방도를 찾아내 내가 걸을 수 있게 해준 조무사, 내가 병상에서 벗어나 걸으려고 할 때 바닥이 미끄럽지 않도록 본인들의 근무시간을 조정해준 청소원들을 통해 나는 이 점을 알고 있다. 그러나 시설로서의 병원은 수입의 흐름이 하락세를 보이면 당신을 쫓아내는 일에 인센티브를 주는데, 이는 당신을 건강하게 회복시킬 때 주어지는 혜택과 동일하지 않다. 보험 회사들은 검사와 치료에 보험료를 지급하지 않게 되면 인센티브를 준다.

　　당신이 의사나 간호사의 진찰이나 처치를 받을 때마다, 검사가 진행되는 모든 순간마다, 병원의 알고리즘은 누가 얼마만큼의 돈을 벌지 따지기 위해 보험 회사의 알고리즘과 결투를 벌인다. 병원에선 자기들이 최고의 의료진을 보유하고 있는지 여부와 상관없이, 수익이 되는 수술들을 감행하려는 경향이 있을 것이다. 예를 들어 당신의 갓난아이가 난치성 심장질환을 앓는다고 치자. 지역의 아동 병원에서는 힘든 수술을 가장 잘 집도할 수 있는 다른 병원의 의사에게 당신을 보내기보다는 자기 병원의 의사들이 충분히 감당할 수 있다고 주장할 공산이 크다. 감당할 수 있다는 말이 사실이 아니어도 그렇게 할 것이다. 그럼 아기는 고통받다 죽게 된다.

생명의 다른 극단에서, 외과 이식수술은 영리 의료 시스템이 건강보다 이윤을 앞세우는 또 다른 사례를 제공한다. 이식 수술의 문제를 처음 접하게 된 것은 내 박사 논문 지도교수가 고관절 치환 수술을 받았을 때였다. 이 고참 역사학자는 파란만장한 삶을 살았다. 그는 완다의 아들로 나치 대학살의 생존자였다. 사반세기 전에 나는 그의 책상에서 완다의 사진을 보았다. 그는 공산주의 치하의 폴란드에서 살았고, 거기서 지하 비밀 대학의 조직을 도왔다. 그는 계엄령하에서 수용소에 억류되기도 했다.

내가 알고 지낸 대부분의 시간 동안 그는 무척 건강했고, 매년 겨울엔 스키를 탔다. 수술 후 병문안을 갔을 때 나는 고관절 수술을 받으셨으니 이제 더 잘 움직이시게 될 거라고 생각했다. 한데 그는 수술 전보다 더 심하게 고통을 받았고, 다시는 제대로 걷지 못했으며 고통에 지쳐서 작고했다.

미국에서 이식 수술은 근본적으로 규제를 받지 않는다. 어떤 물체가 우리 몸의 어떤 부위에 들어와 있는지 기록을 해두지 않는다. 규제의 기준만큼이나 법적인 기준도 느슨하기 때문에, 소송을 한다고 해도 잘못된 이식 수술이 야기한 고통과 죽음에 관해 알지 못한다. 이식 수술은 미국의 주요 사망 원인 중 하나가 아닐까 싶고, 어쩌면 제1원인일 수도 있다. 그렇지만 이식 수술은 돈벌이가 된다.

이윤의 추구와 치유의 사명 간의 또 다른 갈등은 감염병의 치료에서도 발생한다. 나를 죽음 문턱에 이르게 했던 패혈증은 세균성 감염이었다. 세균체가 식별되기만 했다면 나는 내 혈관에서 염증을 제거하는 적절한 항생제 처방을 받을 수 있었다. 내 간의 농양은 세균성 감염이기에 나는 항생제를 복용한다. 안타깝게도 세균은 항생제에 내성이 생기게끔 진화하는데, 이는 새로운 항생제가 지속적으로 요구된다는 뜻이다. 항생제 내성이 감염 경로를 파악할 수 없게 만드는 바람에 이미 수만 명의 미국인들이 매년 사망한다. 그렇지만 내성이 생긴다는 것은 새로운 항생제도 약효가 없을 수 있다는 뜻이기에 제약 회사들은 신약 개발의 투자에 미온적이다.

항생제 내성의 문제가 악화될수록 시장은 해법을 찾는 데 더 힘을 기울이지 않는다. 대부분의 대규모 제약 회사들은 더 이상 항생제 연구를 진행하지 않고 있다. 인정사정없는 자본주의의 논리가 건강의 문제에 적용된다면, 세균이 승리한다.

。

이윤 창출의 전문가들은 한때 의료 전문가들이 관장하고 있었던 신체적이고 정신적인 영역에 거침없이 발을 들여놓았다. 하루에 얼마나 많은 환자들을 욱여넣으면 이득이 되는지 컴퓨터 프로그램이 결정하게 되자 의사들은 도구로 전락했다. 그다음엔 진짜 기계들이 의기양양하게 병동으로 진입했다. 간호사들은 이제 어디를 가든 같이 굴러다니는 바퀴 달린 컴퓨터를 사이에 두고 환자들과 분리되었다. 그들 위에 군림하는 로봇 감독관이 나타난 것이다. 만약 당신이 간호사를 처음 만나게 되면, 그는 당신보다 화면에 눈길을 줄 확률이 높다. 이 때문에 치료는 끔찍한 결과를 맞게 된다. 당신이 한 명의 인간이 아니라 점검 목록에 있는 하나의 항목이 되어버리기 때문이다. 우리에게 화면에서 말해주는 것과 다른 문제가 발생할 시, 어떤 간호사들은 재빨리 정신을 차리거나 주의를 기울이지 못한다. 예를 들어, 처음 간 수술을 받고 나서 배액관이 잘못 부착된 일이 있었다. 이는 심각하지만 쉽사리 바로잡을 수 있는 문제였다. 그렇지만 그 문제에 관심을 갖게 하려고 나흘 동안 애써봐도 나는 성공할 수 없었다. 점검 목록에 없는 일이었던 것이다. 그 바람에 나는 두 번째 간 수술을 받았다.

내 의료기록을 들여다보았을 때 나는 충격을 받았다. 의사들은 너무나 빈번히 사실적인 내용 대신 편리한 사항을 적어 넣고 있었다. 의사들을 비난하기는 쉽지 않다. 의사들은 그들의 시간과 우리의 돈을 빨아먹는 저 끔찍한 기록 관리 시스템에 갇혀 있다. 의사들이 기록을 입력할 때 그들의 손은 디지털 시스템이 만들어낸 가능 항목들의 지시를 받는데, 이 항목들은 수입을 극대화하기 위해 마련된 것들이다. 전자식 의료기록은 우리가 그 이름에서 기대해봄 직한 그 어떤 연구의 혜택도 제공하지 못한다. 전자식이라는 말은 신용카드 판독기나 자동인출기가 전자식이라고 말할 때와 같은 의미를 담고 있다. 의사와 환자에게 유용할 법한 데이터를 수집하는 일에 전자식 시스템은 하등 도움이 되지 않는다. 코로나 바이러스가 창궐하는 동안 의사들은 그 시스템을 이용해 증상과 치료법에 관해 서로 소통하지 못했다. 한 의사가 해명했듯, "기록은 본래 의도된 목적이 아니라, 청구서를 발행하고, 의료 서비스의 정도를 결정하며, 그 과정을 문서로 남기는 일에 이용된다. 기록의 본래 목적은 진찰, 진단, 그리고 치료 계획을 전달하는 것이었다. 우리가 하는 중요한 일이 진료비 청구에 포박되었다".

의사들은 이 모든 일에 염증을 느낀다. 이전 세대 의사들은 자기들 시대가 형편이 더 나았다고 얘기한다. 그리고 이 점이 더 중요한데, 젊은 의사들 역시 그들과 생각이 같다. 의사들은 온갖 주인들에 의해 망가졌다고 느끼며, 자신들이 누리곤 했던, 혹은 의과대학 진학을 결심했을 때 누릴 수 있으리라 기대했던 권위를 아쉬워한다. 젊은이들은 훌륭한 뜻을 품고 의과대학에 진학한다. 그러고 나면 자신의 고용주들이 자기들의 사명감을 착취하고 있음을 깨닫는다. 가능한 한 많은 환자를 진찰하라는 압박 속에서, 스스로를 기계의 부품이라고 느낀다. 이윤을 얻기 위해 의료 행위의 모든 측면을 까발리려는 회사들로부터 끊임없이 들볶이는 탓에, 자신들의 소명이 지닌 고귀함을 기억하기 힘들어진다. 환자 치료 시간에 맞먹는 시간이 소요되는 전자식 기록에 괴로워하고, 생각할 시간을 앗아가는 의무적인 휴대전화 응답에 고통받으면서, 의사들은 집중하고 소통하는 능력을 잃어버린다. 의사들이 힘을 빼앗기면, 우리는 건강하고 자유롭기 위해 무엇이 필요한지 알 수 없게 된다.

º

　팬데믹을 겪으며 우리는 어떤 종류의 의료 혜택도 누리기 힘들었다. 병원들이 신종 코로나 바이러스 치료를 위해 재편성되었기 때문이다. 장비 부족은 코로나 바이러스에 감염된 사람들과 그들을 치료한 사람들을 죽음으로 내몰았다. 미국의 경우는 암 수술이나 장기 이식 수술을 받지 못한 수많은 사람들, 혹은 더 이상 진행되지 말았어야 했을 질병의 초기 단계에서 결국 의사의 치료를 받지 못하는 바람에 병이 악화되어버린 사람들 또한 죽게 만들었다. 이윤이 남는 수술들을 시행할 수 없게 되자, 병원에선 환자들이 가장 필요로 하는 바로 그 시점에 의사들을 해고했다.

　왜 대형 병원들이 기초 진료에 그렇게 중심을 차지하고 있을까? 상업적 민영의료 시스템에서 병원은 "의료 제공자"(의사, 임상 간호사, 보조 의사)가 특정한 가격에 특정한 서비스를 제공할 수 있게 설계된다. 하지만 건강은 주로 교육과 예방의 문제이며, 병원 밖에서 훨씬 더 수월하게 이행될 수 있는 과제이다. 전국 어디에서나, 심지어 가정에서도 더 폭넓은 범위의 공중보건과 진찰의 기회를 누린다면 우리 모두는 더 건강해질 수 있지 않을까? 의사들이 가정으로 왕진을 오게 되면 질병을 막을 수 있고, 치료를 이어나가도록 독려할 수 있다. 의사에게 개인적으로 진료받을 수 있으면 사람들은 훨씬 마음이 편해진다. 의사들이 전국에 있는 수천 개의 작은 병원에서 일하거나 집집마다 왕진도 할 수 있어야 한다. 어려움 없이 의사의 진찰을 받는 일이 어째서 한낱 꿈이란 말인가?

보험과 기록 작성이 야기하는 압박감과 착잡함은 의사들을 떠밀어서 무리를 짓도록 강요한다. 그러고 나면 사모펀드 회사들이 이들을 사들여 더 큰 규모의 의료 인력 회사들을 만든다. 또는 병원들이 이들을 사들이고 그다음엔 다른 병원들이 이들을 사들인다. 지역의 소수독점체는 수중에 들어온 것은 모조리 삼켜버리고, 사모펀드 회사들은 다음 투자에 앞서 이윤을 남기기 위해 전력투구한다. 팬데믹 상황에서 어떤 병원이 적정 규모의 인력을 갖추었는지 여부는 각 지역의 필요가 아니라 전국 차원의 대차

대조표와 결부된 문제였다. 이중 어느 것도 의사가 되기 위한 기본 노동과는 아무 상관이 없다. 벤저민 프랭클린이 다른 맥락에서 지적했듯, "병폐는 높은 급여, 수입, 그리고 주요 행정 각부의 후원으로 이루어진다".

지역공동체 내에서 자신의 진료를 하고 싶어하는 의사는 사명감이 있어야 하고 돈을 못 벌 각오를 해야만 한다. 그리고 도움도 받아야 한다. 가족끼리 잘 아는 오하이오주의 한 친구의 인생 목표는 지역의 의사가 되는 것이었다. 그래서 한동안 이 일을 감당해왔지만, 고학력자이고 수리에 밝으며 컴퓨터에 능한 남편이 전업으로 보험과 기록을 맡아주었기에 가능했다. 그런 일이 모든 사람에게 가능하지 않다는 것은 불 보듯 뻔하다.

○

사람들은 집 가까이에 의사가 필요하다. 자신들이 알고 자신들을 잘 아는 의사, 자신들의 이야기에 귀 기울여주고, 위기 상황에 대처할 수 있으며, 책임감이 있는 의사를 필요로 한다. 우리는 사람들이 살고 있는 곳에서 시작되는 의료보장 시스템을 원하는 것이지, 우리가 모든 것을 다 알아서 하고, 복잡한 서류 작업도 척척 해내며, 부당 요금을 납부하길 바라지 않는다.

응급실만이 최초이자 유일하게 기댈 수 있는 장소가 된 도시에서 의료 혜택을 누리는 일은 문젯거리다. 그렇지만 의사가 드물고 병원이 먼 광범위한 시골 지역에서는 치료받기가 훨씬 더 힘들다. 지난 10년 동안 미국의 시골 지역에서는 약 120개의 병원이 문을 닫았다. 그중 두 곳은 감염병 대유행 기간인 2020년 3월에 폐업했다. 병원이 없는 시골 지역에 거주하는 미국인들은 일단 감염되면 사망할 확률이 더 높다. 웨스트 버지니아에서 한 여성이 신종 코로나 바이러스에 감염되어 최초로 사망했을 때는 지역 병원이 막 문을 닫은 때였다.

지역공동체의 의사로 살아남는다는 것은, 도시와 교외에서 힘든 만큼이나 그 지역을 벗어난 곳에서는 거의 불가능한 일이다. 의사들이 그런 형태의 진료를 원하지 않기 때문이 아니다. 어떤 의사들은 지역에서 활동하기를 꿈꾼다. 한 번에 한 사람씩 자문을 하고 치료하면서 생계를 유지하기가 어려울 따름이다. 일반의보다 전문의가 더 벌이가 좋고, 미국의 젊은 의사들은 대체로 빚을 지고 있다. 그 결과 소아과 의사와 내과 의사가 되려는 이들의 수가 희박하다. 고령자들을 보살피는 노인 의학의 전 분야는 소멸 중이다.

일반의보다 전문의가 돈을 더 잘 버는 이유 중 하나는 수술이 1차 진료보다 청구서 발행이 더 쉽고, 보험 회사에 청구하기도 더 수월하기 때문이다. 그러나 1차 진료야말로 우리의 건강, 특히 우리 아이들의 건강에 가장 중요하다. 또다시, 이윤이 남는 일은 건강해지는 일과 무관하다.

신종 코로나 바이러스는 이 모든 일을 더 악화시켰다. 사람들은 1차 진료를 할 수 있는 의사들의 진찰을 받으려고 하지 않는데, 그 결과 수많은 소형 의원들이 문을 닫을 것이다. 정부의 구제책은 의료와 상관없는 집단들에 집중되었고, 이목을 끌었던 의료 기관은 대형 병원들이었다. 이는 가장 중요한 역할을 하는 의사들이 내팽개쳐질 위험에 처했음을 뜻한다. 코로나 바이러스로 인해 민영의료 시스템의 중앙 집중화가 훨씬 더 심화될 전망인데, 이 사태를 미국인들이 바랄 리 만무하다.

건강을 가치 있게 생각한다면 우리는 무엇이 이윤이 남는 일인지, 그 관점을 변화시킬 수 있다. 한 번에 한 사람씩 치료하는 일이 어려워서는 안 된다. 이미 말한 바 있듯이, 의사들은 완벽하지 않다. 그러나 더 나은 시스템에서라면 부족한 의사는 평범한 의사가, 평범한 의사는 준수한 의사가, 준수한 의사는 훌륭한 의사가, 그리고 훌륭한 의사는 탁월한 의사가 될 수 있다. 의사들은 과학뿐만 아니라 치료에 내재된 인본주의 또한 교육받은 사람들이다. 의료를 생각할 때 우리가 떠올리는 것은 바로 그런 의사들이지, 광고판에 등장하는 의사들의 이미지 뒤에 숨어 있는 기업들이 아니다. 마땅히 누려야 할 권한을 의사들에게 부여한다면 우리 모두는 더 건강하고 더 자유로워질 수 있다.

거대 의료 집단은 반독점 법률을 통해 해체해야 한다. 서비스 취약 지역에서 1차 진료를 제공하는 의사들의 부

채는 마땅히 탕감해야 한다. 의사들의 입을 막는 일은 법
으로 금지해야 한다. 감염병 대처 계획을 마련하고 시행
하는 일을 떠맡은 부활한 연방정부 기관은 의사들이 관장
해야 한다. 그리고 의사들은 결집하여, 모든 미국인이 건
강보험이 있고 필요한 의료 혜택을 누릴 수 있도록 시스
템을 구축하는 일을 도와야 한다.

결론

|

회복을 위하여

  우리는 미국의 병폐를 너무 막연하게 바라본다. 우리에겐 시골 지역과 이웃과 현실에 관심을 집중할 수 있게 도와줄 지역 뉴스가 부족하다. 고속도로변에 늘어선 병원 광고판과 방송 화면에 등장하는 제약회사 광고들은 점점 더 악화되는 미국의 질병에도 아랑곳없이 휘황찬란한 의료기술을 우리에게 내보일 뿐이다. 수술을 받거나 약을 구하는 일은 중요하다. 그렇지만 권한이 있는 신뢰받는 의사를 확보하는 것, 아이들과 보낼 시간을 갖는 것, 의료보장의 권리를 갖는 것 같은 우리의 문제를 깨닫는 것이 더 중요하다. 아무리 많은 홍보를 퍼부어도 미국의 민영 의료가 초래한 근본적 사실, 즉 더 일찍 죽는 특권을 누리기 위해 우리가 엄청난 보험료를 지불하고 있다는 진실을 흐릴 수는 없다.

의료산업복합체는 우리의 병폐가, 유일하게 가능한 현실이라고 옹호할 것이다. 로비스트들과 홍보 전문가들, 그리고 인터넷 동영상을 틀어대는 불경스러운 호스트들은 우리에게 변화의 여지가 없다고 떠들어댈 것이다. 그들은 의사들의 말을 듣고 아이들을 인간답게 키우며 진실을 찾고 건강을 누리는 일에 엄청난 비용이 들 뿐이라고 떠들 것이다. 우리에게 자유가 정확히 그 반대를 뜻한다고 가르치려 들 것이다. 의료에 관해 아무것도 알지 못하고 우리를 보살필 마음이라곤 전혀 없는 어딘가의 누군가가, 우리의 몸을 이용해 가능한 최소의 노력으로 가능한 최대의 이윤을 끌어내야 한다는 원칙에 우리의 몸을 종속시켜야만 한다고 떠들어댈 것이다. 자유로운 국가란 극소수의 사람들이 그 어느 때보다 병든 미국인들의 몸에서 가능한 많은 부를 짜내는 곳이라는 사실을 우리더러 깨달아야 한다고 떠들어댈 것이다.

이는 거짓말이다.

상업적 민영의료 시스템이 효율적이라는 발상은 단순히 경제적 측면에서만 봐도 해괴망측하다. 현 시스템이 비용을 절감한다는 주장은 터무니없다. 미국인은 비슷한 처지에 있는 다른 나라의 국민들보다 의료보장에 더 많은 돈을 지불하지만 훨씬 적은 혜택을 누린다. 공중보건의 한 실패 사례인 코로나 바이러스 감염병은 납세자들에게 수조 달러의 세금을 부담시켰지만 전체 경제는 붕괴했다. 우리는 그 사실을 유념해야만 한다. 사람들을 아프게 둠으로써 어떤 부문—현재 시스템을 지키려는 사람들—은 이윤을 얻지만 국가는 더 가난해지고 경제는 더 위축된다. 밀레니엄 세대의 건강이 뒷걸음치는 일은 그들 앞에 놓인 더 서글픈 수십 년의 미래를, X 세대의 더 짧고 더 궁핍한 노후를, 모두의 희박한 번영을 뜻한다.

지나치게 비용이 드는 의료보장은, 작동하지 않는 보장 체계이다. 미국인의 절반가량이 비용을 댈 수 없어 치료를 회피한다. 수천만 명이 의료보험이 없는 상태이며, 또 다른 수천만 명은 의료보험이 불충분하다. 내게는 괜찮은 의료보험이 있지만, 여전히 수천 달러씩 예상치 못한 비용을 지불해야만 했다. 청구서가 날아오기 시작했을 때 나는 아직 병원에 있었기에, 애초에 생기지 말았어야 마땅한 비용들에 벌금이 부과되었다. 이러한 금전적 속임수로 인해 우리 모두는 병이 든다.

지금은 물론 이보다 사정이 더 열악하다. 팬데믹 시기를 겪으며 수천만 명의 미국인들은 일자리를 잃었다는 이유로 의료보험마저 잃게 됐다. 실업자들이 내팽개쳐지는 바람에 모든 미국인이 고통을 겪게 됐다. 진단을 받지 못했기 때문에 병균을 퍼뜨렸고, 치료를 받지 못했기 때문에 고통 속에 죽어갔다. 병가가 터무니없이 부족한 바람에 모든 미국인이 위험에 처하게 됐다. 아픈 와중에도 사람들은 직장을 잃지 않기 위해 일터로 향해야 했고 이는 감염을 확산시켰다. 이 모든 일은 지극히 비정상적이며, 전적으로 막을 수 있었다.

고독과 연대에는 균형이 필요하다. 우리가 지금 지독하게 외롭다고 느끼는 한 가지 이유는 우리를 아프게 하는 것에 대해 이야기할 방법을 우리가 알지 못하기 때문이다. 환자가 된다는 것이 돈과 사회적 지위에 대한 걱정을 불러일으키지 않아야 한다. 그래야 우리가 치료를 받고 회복될 확률이 높아질 것이다. 신뢰하는 의사와 간호사를 우리 모두가 만날 수 있어야 한다. 그래야 그저 살아남는 것이 아니라, 탈 없이 살아나가는 일이 쉬워질 것이다.

의료보장의 권리는 더 나은 치료와 더 긴 수명의 토대일 뿐만 아니라 우리 모두가 더 자유로워지는 더 공정한 사회를 향한 진일보이기도 하다. 의사가 된다는 것이 어떤 종속이 아니라 하나의 소명이 될 때, 법을 바꾸어 조그만 의원들이 거대 병원들과 힘을 겨룰 수 있을 때, 우리 모두는 더 건강한 삶을 누릴 수 있다. 우리는 고통의 정치에서 벗어나야 한다. 불안과 공포는 필요하지 않다. 우리의 질병은 고칠 수 있다.

연대란 발을 빼는 사람 없는 모두의 참여를 뜻한다. 미국에 생겨난 병폐의 근원 중 하나는 극소수 집단의 경험을 여타 모든 이들의 경험과 분리시키는 현격한 부의 불평등이다. 플라톤이 알고 있었듯, 부의 불평등은 민주주의를 부자들이 통치하는 중우정치로 이끈다. 돈이 유일한 목적이 되면, 가치는 사라지고 사람들은 소수의 집권층을 모방한다. 우리는 지금 우리의 생명이 단축되어야 하는 이유를 묻기보다 소수 집권층이 꿈꾸는 불멸의 환상을 부러워하며 그런 짓을 하고 있다. 우리가 부자들의 백일몽을 내버려둔다면, 이는 플라톤이 "부자들의 도시"와 "빈자들의 도시"라 칭했던 것을 만드는 꼴이다. 우리가 공중보건의 위기를 억만장자들의 돈 잔치로 바꾸어버린다면 미국의 병은 더 깊어지게 된다. 소수 집권층들이 해외로 빼돌린 수십억 달러를 모른 체한다면, 우리는 미국인들을 더 건강하고 자유롭게 만들 기회를 잃게 된다. 코로나 바이러스 대유행이 시작되고 처음 몇 주 동안 2000만 명이 넘는 미국인들이 일자리를 잃어갈 때, 미국의 억만장자들이 벌어들인 돈의 합계는 2820억 달러에 달했다.

우리는 의료보장을 하나의 권리로 간주해야 하고, 의료 지식과 지역 사회의 지혜를 진지하게 받아들여야 하며, 어린아이들을 위해 시간을 내야 하고, 의사들에게 주도권을 주어야 한다. 이 교훈들을 실현하는 일에는 당장 얼마

간의 비용이 들 테지만, 다가올 미래에는 훨씬 많은 비용을 절감하게 될 것이다. 얼마나 많은 비용이 들지, 그것이 문제가 아니다. 중요한 것은 얼마나 많은 것을 얻을 수 있느냐이다. 건실한 공중보건은 의료 비용을 낮추고 경제를 파괴하는 감염병 대유행의 위험을 감소시킨다. 아이들에 대한 투자는 앞으로 있을 정신적이고 육체적인 질병을 감소시키고, 감옥에서 보낼 시간과 망가진 삶을 줄이는 일을 뜻한다. 은퇴자들에게는 더 많은 풍요를 의미한다.

미국 대부분의 의료보험 산업은 마치 통행료를 요구하는 다리 위의 괴물처럼 그저 질병으로부터 월세를 징수할 뿐이다. 괴물이 챙기는 이윤은 아무런 재화도 공급하지 않고 아무런 서비스도 창출하지 못하지만 터무니없게도 국가총생산에 포함된다. 경제적 논리에 따르면 가능한 한 중개인들은 배제되어야 좋은데, 우리는 의료보험에서 어떻게 이런 일이 가능할지 알고 있다. 단일보험자체제가 시스템의 중심을 차지하고, 민영보험사가 주변으로 물러나야 한다. 사람들이 더 긴 수명을 누리는 나라들은 이 방식이 효과적임을 입증했다. 수천 명의 의사들이 이 방식의 논거를 입증했다. 우리 모두가 건강으로 향하는 다리를 함께 건너간다면, 괴물들은 우리를 막을 수 없다.

　미국과 같은 시장경제는 사람들이 존중될 때 더 잘 작동한다. 우리가 바라는 것이 자유라면, 우리는 인간의 자유를 시장의 독단에 희생시킬 것이 아니라 시장이 자유를 위해 작동하게 만들어야 한다. 시장경제 신봉자들 가운데 가장 영향력이 있는 프리드리히 하이에크는 소수독점체 내지는 그가 소비에트 중앙계획경제에 비유한 소수의 소유권에 반대했다. 우리의 의료산업복합체는 소수독점체의 집합이다. 미국의 빅 데이터 산업 역시 소수독점체의 집합이다. 하이에크가 옳다. 소수독점체는 해체되어야 한다. 그의 가장 유명한 저서인『노예의 길』에서 하이에크는 "궁핍한 중산층"을 우려했는데, 상업적인 민영의료 시스템이 지금 이들을 양산하고 있다. 그는 문명 국가에선 당연히 만인이 의료 혜택을 누리게 될 것이라 보았다. 그는 "국가가 포괄적 사회보험의 체계를 구성하는 일에 발 벗고 나서게 될 공산이 매우 크다"고 썼다. 그는 "국가가 이런 방식으로 더 거대한 안전망을 제공하는 일과 개인의 자유를 보전하는 일 사이에는 아무런 모순이 없다"는 것을 알고 있었다.

실제로 올바른 정책은 우리를 더 안전하게 보호함으로써 우리를 더 자유롭게 한다. 이는 특히 아이들의 경우에 그러하다. 만약 우리가 지금 아이들과 보낼 시간을 마련해줄 수 있는 사회구조를 형성해낸다면, 미국은 앞으로 더 자유로운 국가가 될 터이다. 그러는 동안 우리가 부모 노릇을 잘하는 데 필요한 서비스와 권리는 시장을 왜곡시키기보다 온전하게 만들 것이다. 어린아이들의 부모가 불충분한 육아휴직과 병가와 휴가 때문에 일을 그만두고 새로운 직장을 구해야 하는 상황은 도무지 납득할 수 없다. 이로 인해 가족들의 삶에는 스트레스가 생기고 고용주들에게도 비용이 발생한다. 숙련된 기술이 끊임없이 불필요하게 낭비되고 항시적인 재교육에 투입되는 추가 비용이 증가한다. 병가, 육아휴직, 그리고 휴가를 낼 권리가 있는 고용인들이 더 행복하고 더 능률적이다. 또한 더 자유롭다.

우리가 당연시하는 것들은 재빨리 달라질 수 있고 더

나아질 수 있다. 물론 재빨리 달라져, 더 나빠질 수도 있다. 이제 우리가 선택해야 한다. 팬데믹 상황에서는 그릇된 사람들에게 돈을 주기가 쉽고 언제든 자유를 포기하기도 쉽다. 자유롭기 위해서는 노력이 필요하고 기회를 포착하려면 용기가 절실하다. 지금의 위기는 무엇이 가능한지 다시 생각해볼 기회이다. 의료보장은 권리가 되어야 마땅하고, 의사들은 권한을 가져야 하며, 진실이 추구되어야 하고, 아이들은 더 나은 국가를 맞아야 한다.

우리 모두 소생을 시작하자.

에필로그

|

분노와 공감

최악의 감염 상태가 지나간 뒤에도 내가 밤에 잠들 수 있게 되기까지는 몇 주가 걸렸다. 내 손발은 여전히 욱신 거렸고, 내 몸의 오른쪽은 여러 차례의 수술로 상해 있었 다. 간호사가 깨울 때도 있었고, 근심 때문에 잠이 깨기도 했다. 병원에 있던 그 1월의 긴 밤 내내 나는 집을 생각했 다. 내가 살고 있는 뉴잉글랜드의 도시와 내가 나고 자란 중서부 지역을 떠올렸다. 내가 음악을 들을 수 있도록 아 내는 이어폰을 구입했고, 몇 해 전 키예프에서 자갈에 부 딪혀 액정이 깨진 오래된 검은색 휴대전화를 찾아냈다.

훨씬 상태가 나아진 지금, 나는 이전에는 알지 못했던 음악을 듣는다. 그렇지만 병실에 있을 땐, 닫힌 커튼 뒤 기계 장치들 사이에서 팔뚝과 가슴에 튜브를 꽂고 있을 땐, 뭔가 익숙한 음악을 듣고 싶었다.

그래서 나는 〈자갈길을 달리는 자동차 바퀴〉 음반을 들으며 루신다 윌리엄스와 함께 여러 날 밤을 보냈다. 타이틀 곡은 대서양과 95번 주간고속도로에 인접한 도심의 내 병상에서 시작해 아스팔트 도로가 끝나는 서부와 남부의 조그만 장소들에까지 이르는, 광활한 미국의 대지를 그리게 했다. 나는 자갈길을 달리는 픽업트럭의 타이어 소리를 떠올렸는데, 어렸을 적 옥수수밭에서 사슴을 보려고 트럭 짐칸에 타고 달릴 때 그 소리를 아주 또렷하게 들은 적이 있었다. 노래는 슬픔에 겨워 서둘러 떠나가는 이야기를 담고 있고, 노래 속 소녀의 얼굴은 눈물과 먼지로 뒤범벅이 되어 있다. 고통에 관한 노래다. 나는 할아버지 소유의 1992년형 붉은색 닷지 픽업트럭을 몰고 있다. 그 트럭은 나와 동부 해안을 함께 여행한다. 내게 자갈길은 귀환을 뜻한다. 돌 위에서 덜컹거리고 덜거덕거리는 바퀴

소리가 돌아왔음을, 회복을 알린다.

　지금 나는 뉴헤이븐의 집에 있다. 팬데믹 탓에 봄에 가기로 약속했던 오하이오로 딸을 데려갈 수는 없지만, 적어도 나는 살아 있고 그런 희망이 있는 미래를 생각할 수 있다. 이 책은 내가 마지막 순간의 외로움에 맞서 분투할 때 일기에 남겼던 얼마 안 되는 메모에서 비롯되었다. 그때 갈망했던 몇 주만 더의 생을 지금 나는 얻었고 그래서 책을 썼다. 더 작아지긴 했지만, 간에는 아직도 구멍이 하나 있다. 간은 회복된다. 필시 내 간은 더 이상 감염되지 않을 것이다. 항생제를 끊으면 알게 되리라. 내 몸에 난 아홉 개의 구멍은 이제 흉터의 별자리를 이루고 있다. 발바닥은 왼손, 특히 왼손 집게손가락만큼이나 아직도 욱신거린다. 통증과 함께 나는 잠시 후 이 책에 마지막 마침표를 찍을 것이다. 체념의 증표가 아니라 회복의 표시로서.

　회복된 뒤에도 흉터와 증상은 병의 유산으로 남는다. 회복은 이전 상태로 돌아가는 것이 아니다. 나는 예전의 나와 똑같지 않다. 내 영어 어휘력은 어느 다정한 구름에서 비가 퍼붓듯 한꺼번에 돌아왔다. 나는 이제 예전과 조금 다르게 말하고 글을 쓴다. 내가 구사하는 다른 언어들은 영향을 받지 않았다. 패혈증으로 정신을 반쯤 잃은 채 공항에서 병원으로 갈 때는 폴란드어로 말했다. 아내가 받은 문자를 살펴보니 수술을 마치고 나면 당근, 셀러리, 그리고 프랑스 추리 소설을 달라고 한 모양이다. 수술, 주사, 튜브 삽입, 그리고 심전도 검사를 위해 몸의 상당 부분 털을 밀었다. 검었던 머리털의 일부는 하얗게 셌고 하얗던 머리카락은 도로 검어졌다. 다음 날 아침에 마실 첫 커피를 떠올리며 잠이 드는 사람이었는데, 지금은 커피 향에도 질색한다. 요전 날에는 반년 만의 첫 강연이 될, 유엔 안전보장이사회에 보고하는 자리를 위해 채비를 차리다가, 문득 내가 넥타이 매는 법을 더 이상 모른다는 사실을 깨달았다.

역사는 결코 우리 뒤로 완전히 사라지지 않는다. 우리는 예전의 우리와 지난 시대가 품었던 열망과 실패로부터 배움을 얻어, 새로운 무언가를 창조할 수 있다. 나는 예전의 나로 돌아갈 수도 없고, 돌아가고 싶지도 않다. 나는 배움을 얻었고 그래서 더 나아졌다. 나는 여전히 분노한다.

나만을 위해서라기보다 모두를 위해서다. 우리는 자유를 누릴 자격이 있고, 우리에게는 제대로 작동하는 의료가 필요하다. 도시에 있든 도시에서 멀리 떨어져 있든, 고속도로 근처에 있든 자갈길 위에 있든, 이 일은 사람들로부터 시작될 터이다. 우리에게 의료보장의 권리가 있다는 전제로부터 시작될 터이다. 이 말이 꿈처럼 들리는가? 그렇다면 미국의 꿈이 되게 하자.

우리가 이 땅 어디에 살든, 얼마나 병이 깊든, 우리는 물건이 아니라 사람이고, 사람 대접을 받을 때 살아갈 수 있다. 우리 각자에게는 죽음에 맞서 분노하는 횃불이 하나씩 있다. 우리 각자는 다른 이들과 함께하는 삶을 떠다니는 뗏목의 한 조각이다. 건강은 우리 공통의 취약성이고, 함께 자유로워질 수 있는 우리 공동의 기회이다. 나라의 질병을 치유하는 일은 우리의 삶을 풍요롭게 할 것이고 자유를 증진시킬 것이며, 우리가 혼자 그리고 함께, 고독 속에서 그리고 연대하며 행복을 추구하도록 해줄 것이다. 자유롭기 위해 우리에게는 건강이 필요하며, 건강하기 위해 우리에게는 서로가 필요하다.

감사의 말

|

이 책에서 나는 많은 다른 사람들이 여전히 속해 있는 결점투성이 의료 시스템, 감염병 대유행으로 인해 더 악화되어버린 이 열악한 상태로부터 벗어날 하나의 탈출구를 묘사한다. 짬을 내어주고 미소를 건네거나 생각을 나눠준 의사들, 의료 보조원들, 간호사들, 간호조무사들, 기술자들, 수송원들, 청소원들, 식당 직원들, 그리고 동료 환자들에게 고마운 마음을 표한다. 줄리 클라크 아일랜드와 그 가족은 플로리다에서 나를 보살펴주었다. 이자벨라 칼리노프스카는 코네티컷에서 나를 병원에 데려다주었다.

스티븐 쇼어 박사는 본인도 힘겨운 와중에 내가 나의 병을 이해할 수 있게 도와주었다. 티나 베넷은 어려울 때 손을 내밀어주었고, 새런 볼크하우젠은 병문안을 와주었다. 다니엘 마르코비츠, 세라 빌스턴, 스테파니 마르코비츠, 그리고 벤 폴락은 든든한 친구들이었다. 타마르 젠들러와 다니엘 페도로비치는 내가 여력이 없을 때 내 일을 챙겨주었다. 어려움 속에서도 글을 써서 훌륭한 모범이 되어준 내 학생들에게도 감사한다. 세라 실버스타인은 내가 건강과 역사에 관해 생각할 수 있게 조력해주었다. 레아 미라코르와 나비드 하페즈 박사는 내게 이 책을 쓰라고 권유해주었다. 트레이시 피셔는 실무 처리를 도왔고, 윌 울프스라우와 오브리 마틴슨은 내 원고를 출판될 수 있는 상태로 옮겨주었다. 팀 두건은 다정하고 현명하며 신뢰할 수 있는 최상의 편집자였다. 엘리자베스 브래들리, 어맨다 쿡, 로라 도나, 수전 퍼버, 아서 래빈 박사, 줄리 레이턴, 크리스틴 스나이더, E. E. 스나이더 박사, 리오라 태넌바움, 그리고 드미트리 티모치코는 원고를 읽어주었다. 줄리앤 카파는 수프를 가져와주었고, 타이터스 카파는 내

말에 귀 기울여주었다. 제이슨 스탠리는 내가 혼자 달리기 힘들었을 때 나와 함께 달려주었다. 에린 클라크, 밀레나 라자키에비치, 샤킬라 맥나이트, 지나 판사, 첼시 론카토, 그리고 세라 월터스는 우리 아이들을 가르쳐주었다. 칼레브와 탈리아 스나이더는 이 책에 방해가 되기는커녕 밑거름이 되었다. 에밀과 알랭 스탠리는 그 아이들의 다정한 친구였다. 늘 곁에 있어준 은제리 탄데 박사, 나를 집으로 데려와준 마시 쇼어에게 고마운 마음을 전한다.

건강은 인권이다

이 짧은 책의 저자 티머시 스나이더는 20세기에 인류가 벌인 가장 잔혹한 폭력을 기록한 미국의 역사학자로 잘 알려져 있다. 나치즘과 스탈린주의의 국가 폭력을 다룬 그의 대표 저서들인 『폭정』, 『블랙 어스』, 『피에 젖은 땅』은 한국어로도 번역되었다. 팬데믹을 대하는 트럼프 정부의 무능과 독선을 비판하는 일에서 출발하여 미국의 의료 체계, 나아가 미국 국가 시스템의 불합리를 지적하는 이 책은 얼핏 보면 저자의 주요 관심사에서 벗어난 듯하다. 누구도 예상치 못한 팬데믹의 상황에서 아무리 미국의 시스템이 작동 불능의 상태에 빠졌다고 해도 나치즘과 스탈린의 폭정에 비할 수 있겠는가. 저자는 도대체 왜 미국의 시스템에 분노하고 비판의 목소리를 드높일까.

이 책은 팬데믹이 발생한 2019년 말, 맹장염으로 인한 패혈증으로 오랜 시간 병원의 신세를 지게 된 저자가 병상에서 기록한 일기에 바탕을 두고 쓰였다. 질병에 걸린 한 나약한 개인이 미국의 병원에서 겪은 온갖 부조리의 경험은 미국의 상업적 의료 체계가 지닌 구조적 문제를 직시하는 일로 이어졌고, 팬데믹에 대처하는 트럼프 행정부의 포퓰리즘을 미국 국가 시스템의 병폐로 인식할 수 있게 만들었다. 민영의료 체계와 정치의 결탁은 미국식 자본주의 시스템의 반反생명성에 대한 비판으로 이어진다. 병상일기와 사회비판이 결합된 이 책을 관통하는 저자의 근본 관점은 개인의 자유와 인권의 절대성에 대한 확고한 믿음에 토대를 두고 있다. 따라서 의료보장이 선택적 권리가 아니라 보편적 인권의 문제라는 주장은 너무도 당연하면서도 특별한 울림을 갖는다.

일찍부터 국민의료보험이라는 보편적 의료보장 체계

를 지닌 우리의 입장에서는 스나이더 교수의 비판이 낯설게 느껴질 수도 있다. 병원에 입원하여 불합리한 시스템의 희생자가 되기 전까지는 저자 역시 미국의 의료 현실을 깨달을 기회가 많지 않았다. 그 때문에 미국이 가장 선진적 민주주의를 구현하는 국가라고 생각해온 사람이 느낀 분노는 더없이 강렬하게 체감된다. 그런데 독자들은 그 분노가 상업적 의료 체계의 불합리를 넘어 국가 시스템의 부조리로 향하는 만큼이나 저자 자신도 겨냥하고 있음을 금세 알 수 있다. 병이 들어 직접 체감하기 전까지 사태의 심각성을 깨닫지 못했던 것이다. 따라서 그의 분노가 죽음의 문턱에서 "내 삶이 단지 나만의 것이 아니라는 깨달음"에 이르렀을 때, 이 책은 단순한 사회 고발의 기록을 넘어 공감과 연대를 촉구하는 한 편의 아름다운 서사가 된다.

　팬데믹은 자연이 일으킨 재앙이기보다 인간이 자초한 재난이다. 두 가지 의미에서 그렇다. 인간중심주의와 인간차별주의. 인간은 지금껏 인간의 행복을 위해 지구의 생태 환경을 파괴해온 주범이다. 팬데믹은 자연이 인간에게 주는 경고이자 더 큰 재난의 예고편이다. 또한 자연의 재앙에 대처해온 인간의 사회 시스템은 늘 차별의 논리에 기대어왔다. 자본주의의 이윤 체계는 모든 사람의 생명에 동일한 가치를 두지 않는다. 이 책에서 저자는 특히 후자의 문제에 관심을 기울인다. 의료보장과 인권의 관계, 진실을 알 권리, 그리고 의사의 결정권을 차근차근 강조하는 저자의 논점은 재난에 대처하는 비인간적 시스템의 개선을 촉구한다. 미국의 시스템이 도마에 오르지만 이는 비단 미국의 문제만은 아닐 것이다.

그렇다면 의료 체계를 비롯한 미국의 시스템은 무엇이 문제인가. 저자는 두 가지 선명한 대비를 통해 이 사안에 접근한다. 첫째 미국과 다른 나라의 의료 시스템이 어떻게 다른지 세세하게 밝혀준다. 유럽에서 겪었던 의료 체험과 출산 및 육아의 경험이 미국의 상업적 의료 체계의 작동 원리와 비교된다. 환자 개인에 대한 의사의 관심, 치료의 보편적 접근성, 사회보장으로서의 의료 체계가 바탕이 되는 유럽의 시스템과 달리 거대 기업의 이윤 창출에 동원되는 미국의 상업적 의료 체계에는 환자의 인권과 의사의 치료권이 들어설 자리가 없다. 약물의 남용, 선택적 의료, 정보의 차단, 그리고 기업화된 병원은 환자의 목숨을 담보로 벌이는 거대한 도박장과 다름없다.

환자의 목숨에 대한 존중이 없는 미국의 의료 체계를 밑받침하는 더 거대한 논리는 정치 시스템의 타락이다. 특히 팬데믹에 대처하는 트럼프 행정부의 포퓰리즘은 어째서 미국의 의료 체계가 반생명적인지 드러내는 이념적 기반이다. 피부색이 다르다는 이유로 보다 더 생명의 위험에 처하는 구조화된 인종차별의 논리, 고통을 참고 인내하는 것이 남자다움의 증표로 추앙되어온 어두운 역사, 그리고 자신의 건강은 스스로의 책임이라고 설파하는 그릇된 개인주의가 모두 자유의 이름으로 통용된다. 이러한 '미국식 자유'의 이데올로기가 위력을 발휘하는 한, 의료 보장이 보편적 인권이라는 주장은 약자의 불평으로 치부되고, 경제를 위해 방역을 희생하는 조치는 효율성의 이름으로 용인된다. 게다가 이 거대한 허위의식을 고발해야 마땅한 언론은 어디서도 작동하지 못한다. 그래서 저자는 심각하게 묻는다. 왜 미국인이 다른 나라의 국민들보다

"더 짧고 더 불행하게" 살아야 하며, 왜 자유의 나라 미국에서 "병과 두려움이 사람들을 자유롭지 못하게" 만드는가. 이 책은 새로운 자유와 인권의 개념으로 이 물음에 답하고자 한다.

자유는 한 개인에게 "어둠 속 한 줄기 외침이며, 버텨내려는 의지이고, 고독한 분노" 같은 실존적 존재의 근거지만, 한 사회의 차원에서는 "집단적 고통"으로부터 벗어나는 실질적 문제가 된다. 전 세계에 걸쳐 의료보장을 인권으로 확립하는 데 기여한 미국이 정작 자국민의 의료 인권을 등한시하는 현실은 미국의 자유에 깃든 위선의 논리를 드러낸다. 개인의 절대적 자유를 소리 높여 외치면서 정작 개개인들이 "약 공장"에 의존하고 "침묵 속에 고통을 참는 취약성"을 드러내게 할 때 자유는 실종된다. 철저한 개인주의에 근거를 둔 미국식 자유의 논리는 "고통의 정치"이며 "죽음의 덫"일 뿐이다. 저자의 분노가 실존적 자유의 외침을 넘어 집단적 연대와 공감을 지향하는 것은 결코 우연이 아니다.

어떻게 할 것인가? 저자는 분노 속에서도 희망의 가능

성을 놓지 않고 있다. 무엇보다도 아이들의 입장에 서야 한다고 강조한다. 그에게 자유는 "세대를 거듭하며 빌려주었다가 돌려받는 빚"이다. 아이들의 건강한 미래를 위해 어른들의 각성과 연대가 절실하며, 의료보장을 혜택이 아니라 권리로 누릴 행동을 요구한다. 또한 팬데믹의 참혹한 죽음이 증명하듯, 자유는 진실을 알 권리와 뗄 수 없다. 우리에게 "알고자 하는 용기"가 있어야 함은 물론 진실을 전달해줄 자유로운 언론이 반드시 필요하다. 트럼프 행정부의 권위주의적 태도가 사태의 진상보다 포퓰리즘 선동에 좌우된 이유도 언론의 부재에 기인한다. 마지막으로, 의료 체계의 핵심이 의사에게 집중되어야 한다. 환자를 "비용"으로 대하고 "분기별 수익"에 목을 매는 상업적 의료 체계가 아니라 지역공동체를 기반으로 "집 가까이에" 상주하는 의사의 존재와 결정권이 관건이다. 의사 중심의 의료가 정치와 법의 차원으로 보장되는 보편적 시스템의 확립은 곧 실천의 문제이다.

그렇지만 "극소수의 사람들이 그 어느 때보다 병든 미국인들의 몸에서 가능한 많은 부를 짜내는" 현실에서 허위를 깨뜨리고 이러한 희망을 이루는 일이 과연 가능할까. 어쩌면 모두가 고독한 분노에서 떨쳐 일어나 진실을 요구하고 "집단적 고통"을 넘어 건강한 연대의 실천으로 나아가자는 주장은 당위적 호소가 아닐까. 상업적 의료를 지탱하는 소수 독점 체제의 해체는 어떻게 이룩하며 보편적 의료보장 시스템은 어떻게 성취할 것인가. 분노가 용기로 바뀌고 연대와 공감으로 나아가는 길은 어디서부터 시작될 수 있을까. 저자도 이 모든 일이 한순간에 이루어지거나 정치적 혁신을 통해서만 가능하다고 보지는 않는다. 그만큼 현실의 특권과 권위는 견고하다. 그러나 저자 스스로 묻고 답하듯, "이 말이 꿈처럼 들리는가? 그렇다면 미국의 꿈이 되게 하자"는 외침은 한 몽상가의 이상론으로 치부할 수 없다. 근본적 변혁의 필요성을 주장해야 할 만큼 미국의 병폐는 깊고 넓기 때문이다.

육체의 질병이 사회의 병폐를 드러내는 증상인 한, 미국의 문제는 우리 모두의 안녕과도 결부되어 있다. 그들이 건강해질 때 우리도 더 자유로워질 수 있다. 이 책은 우리가 혼자 그리고 함께, "고독 속에서 연대하며 행복을 추구하는 일"이 건강한 삶을 넘어 자유와 인권을 이루는 중요한 길임을 웅변한다. 이 책이 팬데믹의 필독서가 되어야 할 이유는 여기에 있다.

책을 옮기면서 여러 신세를 졌다. 병상일기에 이토록 촘촘한 상념과 사유를 담은 저자에게 감사한다. 그리고 팬데믹의 두려움 없이 안전한 곳에서 보낸 시간이 없었다면 이 책의 저자와 공감하며 즐겁게 번역하는 일이 힘들었을 터이다. 이 책을 골라 일을 맡겨주고 꼼꼼한 손길로 아름다운 책을 만들어준 출판사 엘리의 편집진에게도 심심한 고마움을 전한다. 특히 김이선 대표의 도움이 컸다. 일중독에 빠진 나를 독려해주고 시답잖은 불평을 너그럽게 다독여준 가족들이 큰 힘이 되었다. 독자들의 즐겁고 행복한 책읽기를 기대한다.

2021년 6월

관악 다적재에서 강우성

참고 문헌

|

프롤로그: 고독과 연대

10   호소문: 〈1770년 영국의 탄압에 대한 보스턴 위원회 서한〉.
      National Archives의 온라인 사이트에서 열람 가능.

10   우리의 공적 질병: 1800년 4월 4일 제퍼슨에게 보낸 매디슨의
      편지. National Archives의 온라인 사이트에서 열람 가능.

11   미국이 어떻게 자유 국가가 될 수 있는지: 강연은 녹화되었다.
      www.dialoguesondemocracy.com/copy-of-timothy-snyder.
      내 강연은 11:00부터 시작된다.

서문: 우리의 질병

22   미국인의 기대수명은 뒷걸음질해왔다: Lenny Bernstein, "U.S.
      Life Expectancy Declines Again," *Washington Post*, November

29, 2018.

23   흑인 여성들이 출산 중 사망하는 일은 흔하며: Linda Villarosa, "Why America's Black Mothers and Babies Are in a Life-or-Death Crisis," *New York Times*, April 11, 2018.

23   수명은 더 짧아지게 될 것이다: "The Economic Consequences of Millennial Health," Moody's Analytics for Blue Cross Blue Shield, 2019.

24   부수적으로 의료보장이 결부되어 있는 것이다: 이 문구는 다음 글에서 가져왔다. Peter Bach, "The Policy, Politics, and Law of Cancer," conference at the Yale Law School, February 9, 2018.

28   모든 역사는: Frederick Douglass, "West Indian Emancipation," speech, August 3, 1857.

첫 번째 교훈: 의료보장은 인권이다

35   어쩌면 나를 대변해준 친구가: 미국의학협회의 웹사이트는 의료보장에서의 인종차별 및 기타 차별에 관한 정보를 수집하고 있다.

41   그에게 이런 말을 해주고 싶었지만: *On Tyranny: Twenty Lessons from the Twentieth Century* (New York: Tim Duggan Books, 2017)의 아홉 번째 교훈 참조.

46   잘못 기록했으며: 내가 내 의료기록을 보았기 때문에 검사 결과가 잘못 기록되었음을 안다.

48   거의 모든 업무에 훨씬 소홀해진다: 휴대전화와 집중력에 관

해서는 다음의 두 자료를 참조할 것. Adrian F. Ward et al., "Brain Drain: The Mere Presence of One's Own Smartphone Reduces Available Cognitive Capacity," *Journal of the Association for Consumer Research 2*, no. 2 (2017); Seungyeon Lee et al., "The Effects of Cell Phone Use and Emotion-Regulation Style on College Students' Learning," *Applied Cognitive Psychology*, June 2017.

50 누군가가 마침내 들여다보았고: 이것은 단지 나의 추정이 아니다. 나는 내 의료기록을 읽었고 시기는 분명하다.

52 동료 시민들을 평등하게 바라보는 것이 더 쉽게 가능해진다: 이것은 내가 토니 저트(Tony Judt)와 *Thinking the Twentieth Century*(New York: Penguin, 2012)에서 나눈 주제이다. 우리가 자연적이라고 여기는 것, 즉 의료보장을 위한 경쟁이 사실은 인위적인 것이라는 점을 문제 삼고 있다. 이와 관련된 좀 더 포괄적인 논의를 위해서는 Rutger Bregman, *Humankind*(New York: Little, Brown, 2020) 참조.

55 건강을 의도적으로 빼앗는 일은: 여기에는 1차 세계대전 이후 국제적 공공의료의 대의에 복무하는 동유럽 의사 집단이 포함된다. 나는 "상업적 민영의료(commercial medicine)"라는 용어를 이들 중 한 사람인 슈탐파르(Andrija Štampar)로부터 빌려왔다. George Vincent Diary, July 18, 1926, Rockefeller Foundation Archives, RG 12 참조. 이에 관해서는 이 의사들에 관한 책을 완성 중인 세라 실버스타인(Sarah Silverstein)을 참고했다.

56 첫 번째 반유대주의 편지: 이 편지와 그 맥락에 관해서는

Timothy Snyder, "How Hitler Pioneered Fake News," *New York Times*, 2019년 10월 16일 자를 참조할 것. 히틀러의 세계관에 대한 나의 견해는 *Black Earth*(New York: Tim Duggan Books, 2015)에서 살펴볼 수 있다. 연관성 있는 또 다른 내 책으로는 *Bloodlands*(New York: Basic Books, 2010)가 있다.

56   아무런 치료 없이 게토에 가둠으로써: 홀로코스트 연구에 등장하는 다른 주제들과 마찬가지로 게토에서의 질병을 논한 책으로는 Raul Hilberg, *The Destruction of the European Jews*(New Haven, Conn.: Yale University Press, 2003), 1: 271-74 참조.

57   내 연구실의 또 다른 책장은: 독일 수용소에 관한 정평 있는 논평은 Nikolaus Wachsmann, KL: *A History of the Nazi Concentration Camps*(New York: Farrar, Straus and Giroux, 2015) 참조.

57   역전된 치료 논리: Golfo Alexopoulos, *Illness and Inhumanity in Stalin's Gulag*(New Haven, Conn.: Yale University Press, 2017).

67   일리가 있음을: 한 간호사가 의료보장의 근본 원칙에 대해 내게 설명한 바로는 "수면, 영양, 관계"가 중요하다.

70   건강 정보의 주요 출처: C. Lee Ventola, "Direct-to-Consumer Pharmaceutical Advertising: Therapeutic or Toxic?" P&T 36, no. 10(2011): 669; Ola Morehead, "The 'Good Life' Constructed in Direct-to-Consumer Drug Advertising," unpublished manuscript, 2018.

71   지금의 사정이 더 가파르다: Raj Chetty et al., "The Fading

American Dream: Trends in Absolute Income Mobility Since 1940," *Science*, April 28, 2017.

71   노조 없이 홀로 버텨야 한다고: Bruce Western and Jake Rosenfeld, "Unions, Norms, and the Rise in U.S. Wage Inequality," *American Sociological Review* 76, no. 4 (2011): 513-37; Jason Stanley, *How Fascism Works* (New York: Random House, 2018), chapter 10.

72   소규모 농업을 생계수단으로 유지하기는 점점 힘들어지고 있다: Alana Semuels, "'They're Trying to Wipe Us Off the Map.' Small American Farmers Are Nearing Extinction," *Time*, November 27, 2019.

72   농부들은 더 많이 자살한다: Matt Perdue, "A Deeper Look at the CDC Findings on Farm Suicides," National Farmers Union, blog, November 27, 2018; Debbie Weingarten, "Why Are America's Farmers Killing Themselves?" *Guardian*, December 11, 2018.

73   어떤 해에 주민 8만 명이: Sam Quinones, *Dreamland: The True Tale of America's Opiate Epidemic* (London: Bloomsbury, 2016).

74   남부 지역의 백인 여성들은: Andrew Gelman and Jonathan Auerbach, "Age-Aggregation Bias in Mortality Trends," *Proceedings of the National Academy of Sciences*, February 16, 2016.

74   기대수명은: Anne Case and Angus Deaton, "Rising Morbidity

and Mortality in Midlife Among White Non-Hispanic Americans in the 21st Century," *Proceedings of the National Academy of Sciences*, December 8, 2015.

74 지표는: 다음 자료들을 참조할 것. J. Wasfy et al., "County Community Health Associations of Net Voting Shift in the 2016 U.S. Presidential Election," *PLOS ONE* 12, no. 10 (2017); Shannon Monnat, "Deaths of Despair and Support for Trump in the 2016 Presidential Election," Research Brief, 2016; Kathleen Frydl, "The Oxy Electorate," *Medium*, November 16, 2016; Jeff Guo, "Death Predicts Whether People Vote for Donald Trump," *Washington Post*, March 3, 2016; Harrison Jacobs, "The Revenge of the 'Oxy Electorate' Helped Fuel Trump's Election Upset," *Business Insider*, November 23, 2016.

75 절박한 유권자들은: 내 책 *The Road to Unfreedom: Russia, Europe, America* (New York: Tim Duggan Books, 2018) 6장에서 다룬 "가학포퓰리즘(sadopopulism)"을 참조할 것. 또한 오염과 자기희생에 관해서는 Arlie Hochschild, *Strangers in Their Own Land* (New York: The New Press, 2016)를 참조할 것.

77 가학을 보태 사람을 살해한다: Jonathan M. Metzl, *Dying of Whiteness* (New York: Basic Books, 2019). 근간이 되는 텍스트는 W.E.B. Du Bois, *Black Reconstruction* (New York: Harcourt, Brace, 1935)이다.

81 그들이 서로 주고받은 서신에는 염려하는 내용이 많이 있다: 예

컨대 워싱턴이 매디슨에게 보낸 편지(1793년 10월 14일), 워싱턴이 제퍼슨에게 보낸 편지(1793년 10월 11일)를 참조할 것. 두 편지 모두 National Archives의 온라인 사이트에서 열람 가능.

81   의회 소집이 불가능했다: 1793년 필라델피아에서 있었던 일이다. Danielle Allen, *Our Declaration*(New York: Liveright, 2014)도 참조할 것.

두 번째 교훈: 소생은 아이들과 더불어 시작된다

101   불평등한 삶의 출발: Corinne Purtill and Dan Kopf, "The Class Dynamics of Breastfeeding in the United States of America," *Quartz*, July 23, 2017.

107   과학자들이 우리에게 역설해야만 하는: 괜찮은 소개로는 하버드 대학교 아동발달센터(Center on the Developing Child at Harvard University)의 연구보고서 참조.

108   필요한 능력은: C. Bethell et al., "Positive Childhood Experiences and Adult Mental and Relational Health in a Statewide Sample," *JAMA Pediatrics*, November 2019.

108   다른 사람들과 소통할 때: 아마존과 구글의 창업자들이 화면이 허용되지 않는 학교에 다녔다는 사실과 스티브 잡스가 본인의 아이들에게 자기 회사의 가젯에 접속하지 못하게 했다는 점을 알면 도움이 된다. Nicholas Kardaras, *Glow Kids*(New York: St. Martin's Griffin, 2016), 22-32. 내가 아는 한 실리콘 밸리에서 화면이 허용되는 학교에 자기 아이들을 보내는 사람은 아무도 없다. 거기서는 심지어 아이를 돌보는 사람에게도 중독성 있는 물

품을 집에 가져오지 않겠다는 계약서에 서명할 것을 요구한다. Nellie Bowles, "Silicon Valley Nannies Are Phone Police for Kids," *New York Times*, October 26, 2018.

108 감정들을 통제하는: Barbara Fredrickson, "The Broaden-and-Build Theory of Positive Emotions," *Philosophical Transactions of the Royal Society of London, Biological Sciences*, September 29, 2004, 1367-77.

109 그러한 긍정적 감정이 없다면: V. Felitti et al., "The Relationship of Childhood Abuse and Household Dysfunction to Many of the Leading Causes of Death in Adults," *American Journal of Preventive Medicine*, May 1998, 245-58.

109 집중적이고 사려 깊은 관심: 아동발달의 실행에 관한 일련의 논문들로는 "Advancing Early Childhood Development: From Science to Scale," *Lancet*, October 4, 2016 참조.

110 시간을 내기가 결코 쉬운 일이 아니다: Heather Boushey, *Finding Time* (Cambridge, Mass.: Harvard University Press, 2016).

세 번째 교훈: 진실이 우리를 자유롭게 할 것이다

120 해체했고: 이 점에 관해서는 다음 글들을 참조할 것. Laurie Garrett, "Trump Has Sabotaged America's Coronavirus Response," *Foreign Policy*, January 31, 2020; Oliver Milman, "Trump Administration Cut Pandemic Early Warning Program in September," *Guardian*, April 3, 2020; Gavin

Yamey and Gregg Gonsalves, "Donald Trump: A Political Determinant of Covid-19," *British Medical Journal*, April 24, 2020; David Quammen, "Why Weren't We Ready for the Coronavirus?" *New Yorker*, May 4, 2020.

120 마지막 공무원은: Jimmy Kolker, "The U.S. Government Was Not Adequately Prepared for Coronavirus at Home or Abroad," *American Diplomat*, May 2020.

121 공중보건위생국 국장: Jerome Adams의 2020년 2월 1일 자 트윗.

121 신종 코로나 바이러스는 조용히 온 나라에 퍼져갔다: 다음 기사들을 참조할 것. Erin Allday and Matt Kawahara, "First Known U.S. Coronavirus Death Occurred on Feb. 6 in Santa Clara County," *San Francisco Chronicle*, April 22, 2020; Benedict Carey and James Glanz, "Hidden Outbreaks Spread Through U.S. Cities Far Earlier Than Americans Knew, Estimates Say," *New York Times*, April 23, 2020; Maanvi Singh, "Tracing 'Patient Zero': Why America's First Coronavirus Death May Forever Go Unmarked," *Guardian*, May 26, 2020.

121 경고들을 무시하면서: Frank Harrington, "The Spies Who Predicted COVID-19," *Project Syndicate*, April 16, 2020.

121 1월 24일에 중국 정부를 칭찬했다: 도널드 트럼프의 2020년 1월 24일 자 트윗.

122 2월 7일 그는 거듭 칭찬을 늘어놓았다: 도널드 트럼프의 2020년 2월 7일 자 트윗.

122   유람선: Motoko Rich and Edward Wong, "They Escaped an Infected Ship, but the Flight Home Was No Haven," *New York Times*, February 17, 2020.

122   기적: Maegan Vazquez and Caroline Kelly, "Trump Says Coronavirus Will 'Disappear' Eventually," CNN, February 27, 2020.

122   상무부 장관은: Juliet Eilperin et al., "U.S. Manufacturers Sent Millions of Dollars of Face Masks, Other Equipment to China Early This Year," *Washington Post*, April 18, 2020; Aaron Davis, "In the Early Days of the Pandemic, the U.S. Government Turned Down an Offer to Manufacture Millions of N95 Masks in America," *Washington Post*, May 10, 2020.

122   수천만 개의: Lauren Aratani, "US Job Losses Pass 40m as Coronavirus Crisis Sees Claims Rise 2.1m in a Week," *Guardian*, May 28, 2020.

123   통제 중: 도널드 트럼프의 2020년 2월 24일 자 트윗.

123   352명: 다음 기사들을 참조할 것. Eric Topol, "US Betrays Healthcare Workers in Coronavirus Disaster," Medscape, March 30, 2020; Timothy Egan, "The World Is Taking Pity on Us," *New York Times*, May 8, 2020.

124   사망자 수 상위 20개 나라에 포함되었다: 이는 존스 홉킨스 대학교 코로나 바이러스 연구센터(Johns Hopkins University Coronavirus Research Center)의 웹페이지(coronavirus.jhu.edu/us-map)에서 찾을 수 있다. 2020년 5월 27일 접속.

125 질병에 관해 알고 싶어하지 않는 것은: 유발 하라리(Yuval Harari)도 비슷한 견해를 표명했다. "The World After Coronavirus," *Financial Times*, March 20, 2020. 홉스(Hobbes)는 이렇게 표현했다. "과학의 부족, 즉 원인들에 대한 무지로 인해 사람들은 다른 사람들의 권위에 의존할 수밖에 없는 상황에 몰리고 강제된다." Thomas Hobbes, *Leviathan*, ed. J.C.A. Gaskin(Oxford: Oxford University Press, 2008 [1651]), 69.

127 높은 사망률과 연관이 있었고: Joseph Magagnoli et al., "Outcomes of Hydroxychloroquine Usage in United States Veterans Hospitalized with Covid-19," medRxiv, April 16, 2020; Mayla Gabriela Silva Borba et al., "Effect of High vs. Low Doses of Chloroquine Diphosphate as Adjunctive Therapy for Patients Hospitalized with Severe Acute Respiratory Syndrome Coronavirus 2(SARS-CoV-2) Infection," *JAMA Network Open*, April 24, 2020; Toluse Olorunnipa, Ariana Eunjung Cha, and Laurie McGinley, "Drug Promoted by Trump as 'Game-Changer' Increasingly Linked to Deaths," *Washington Post*, May 16, 2020.

127 적절하게도 의문을 제기했던 연방 공무원은: 다음 기사들을 참조할 것. Michael D. Shear and Maggie Haberman, "Health Dept. Official Says Doubts on Hydroxychloroquine Led to His Ouster," *New York Times*, April 22, 2020; Joan E. Greve, "Ousted U.S. Government Scientist Files Whistleblower Complaint over Covid-19 Concerns," *Guardian*, May 5, 2020.

127 필수 의료 장비가 부족하다고 보고했던 다른 공무원 역시: Peter
     Baker, "Trump Moves to Replace Watchdog Who Identified
     Critical Medical Shortages," *New York Times*, May 1, 2020.

127 트럼프는 떠들었다: David Smith, "Coronavirus: Medical
     Experts Denounce Trump's Latest 'Dangerous' Treatment
     Suggestion," *Guardian*, April 24, 2020.

127 플라톤 이래: Plato, *The Republic*, book 9. 에드워드 루카
     스(Edward Lucas)의 조사 보고서가 이 점을 확증하고 있
     다. "Inside Trump's Coronavirus Meltdown," *Financial
     Times*, 2020년 5월 14일 자 참조. 투펙치(Zeynep Tufekci)
     도 중국의 초기 대응에 대해 유사한 견해를 내놓았다. "How
     the Coronavirus Revealed Authoritarianism's Fatal Flaw,"
     Atlantic, 2020년 2월 22일 자 참조.

128 3월 6일: Gabriella Borter and Steve Gorman, "Coronavirus
     Found on Cruise Ship as More U.S. States Report Cases,"
     Reuters, March 6, 2020.

128 수만 명의 불필요한 사망자: "Remarks by President Trump and
     Vice President Pence at a Meeting with Governor Reynolds
     of Iowa," WhiteHouse.gov, May 6, 2020.

128 6월 15일: Kate Rogers and Jonathan Martin, "Pence
     Misleadingly Blames Coronavirus Spikes on Rise in Testing,"
     New York Times, June 15, 2020; Michael D. Shear, Maggie
     Haberman, and Astead W. Herndon, "Trump Rally Fizzles as
     Attendance Falls Short of Campaign's Expectations," *New*

York Times, June 20, 2020.

130 미국의 인종차별주의자들은 흑인들을: Khalil Gibran Muhammad, *The Condemnation of Blackness* (Cambridge, Mass.: Harvard University Press, 2019) 특히 2장 참조.

131 러시아에서는: 러시아 정부의 프로파간다의 경과에 대해서는 다음을 참조할 것. "Disinformation That Can Kill: Coronavirus-Related Narratives of Kremlin Propaganda," Euromaidan Press, April 16, 2020. 디스인포(Disinfo)에 맞선 유럽연합의 대응에 관해서는 euvsdisinfo.eu 참조.

131 중국에서도 이어 같은 주장이: 다음의 보도들을 볼 것. Rikard Jozwiak, "EU Monitors See Coordinated COVID-19 Disinformation Effort by Iran, Russia, China," *RFE/RL*, April 22, 2020; Julian E. Barnes, Matthew Rosenberg, and Edward Wong, "As Virus Spreads, China and Russia See Openings for Disinformation," *New York Times*, March 28, 2020.

131 공화당은: Alex Isenstadt, "GOP Memo Urges Anti-China Assault over Coronavirus," Politico, April 24, 2020.

132 중국은 분명 책임이 있다: "China Didn't Warn Public of Likely Pandemic for 6 Key Days," Associated Press, April 15, 2020.

132 가장 용기 있는 인물들은: 영국에서 천연두 예방접종은 에드워드 제너(Edward Jenner)의 노력에 힘입어 19세기 초반에 시작되었다. 또 다른 예방 치료인 인두접종(variolation), 즉 천연두 상처에서 추출한 물질을 건강한 사람에게 접종하는 기술은 더 오래전 중국, 인도, 그리고 오토만 제국에서 알려져 있었다. 현재 천연두

는 백신에 의해 종식되었다.

133 우리가 자연의 일부임을: *Black Earth*에서 나는 기후변화와 관련해서 이와 유사한 주장을 펼쳤다.

134 들끓는 감정에 편승해: 토니 저트는 *Thinking the Twentieth Century*에서 나와 공포의 정치학에 대해 대담을 한 바 있다.

135 아프리카계 미국인들은 죽어갔다: 세인트루이스에서 사망한 처음 12명은 흑인이었다. 한 흑인 간호사는 자신이 다니던 병원에서 네 번이나 거절당한 뒤 사망했다. 아프리카계 미국인들은 디트로이트에서는 최초 희생자의 40퍼센트, 시카고에서는 67퍼센트, 그리고 루이지애나에서는 70퍼센트에 달했다. 이 점에 관해서는 다음 자료를 참조할 것. Ishena Robinson, "Black Woman Dies from Coronavirus After Being Turned Away 4 Times from Hospital She Worked at for Decades," *The Root*, April 26, 2020; Fredrick Echols, "All 12 COVID-19 Deaths in the City of St. Louis Were Black," *St. Louis American*, April 8, 2020; Khushbu Shah, "How Racism and Poverty Made Detroit a New Coronavirus Hot Spot," Vox, April 10, 2020. 또한 다음 기사도 참조할 것. Sabrina Strings, "It's Not Obesity. It's Slavery," *New York Times*, May 25, 2020; Rashad Robinson, "The Racism That's Pervaded the U.S. Health System for Years Is Even Deadlier Now," *Guardian*, May 5, 2020.

135 권한을 달라고 요구했다: Betsy Woodruff Swan, "DOJ Seeks New Emergency Powers amid Coronavirus Pandemic,"

Politico, March 21, 2020.

135 감찰관들을 해임: Julian Borger, "Watchdog Was Investigating Pompeo for Arms Deal and Staff Misuse Before Firing," *Guardian*, May 18, 2020; Veronica Stracqualursi, "Who Trump Has Removed from the Inspector General Role," CNN, May 16, 2020.

135 제약 없는 투표로 인해: 도널드 트럼프가 *Fox and Friends*와 나눈 2020년 3월 30일 자 인터뷰. 민주적 선거에 외부 세력이 개입한 전체 역사에 대해서는 David Shimer, *Rigged* (New York: Knopf, 2020) 참조.

135 해방시키라고: 2020년 4월 17일 자 트윗.

136 팬데믹 상황에 더 훌륭하게 대처한다: 센(Amartya Sen)은 기근에 관해 이 점을 지적했다. 질병에 관해서는 Thomas Bollyky et al., "The Relationships Between Democratic Experience, Adult Health, and Cause-Specific Mortality in 170 Countries Between 1980 and 2016," *Lancet*, April 20, 2019과 "Diseases Like Covid-19 Are Deadlier in Non-Democracies," *Economist*, February 18, 2020 참조.

136 더 큰 목소리를 낸다: Shefali Luthra, "Trump Wrongly Said Insurance Companies Will Waive Co-pays for Coronavirus Treatments," Politifact, March 12, 2020; Carol D. Leonnig, "Private Equity Angles for a Piece of Stimulus Windfall," *Washington Post*, April 6, 2020.

137 권위주의적 지도자들은: Réka Kinga Papp, "Orbán's Political

Product," *Eurozine*, April 3, 2020; Andrew Kramer, "Russian Doctor Detained After Challenging Virus Figures," *New York Times*, April 3, 2020; Andrew Kramer, "'The Fields Heal Everyone': Post-Soviet Leaders' Coronavirus Denial," *New York Times*, April 2, 2020; "Philippines: President Duterte Gives 'Shoot to Kill' Order amid Pandemic Response," Amnesty International, April 2, 2020; "In Turkmenistan, Whatever You Do, Don't Mention the Coronavirus," *RFE/RL*, March 31, 2020.

137 집계되지 않은 채 사람들이 죽도록: 중국의 숫자 집계는 신뢰하기 힘들어 보인다. 러시아는 사망자 숫자를 줄이는 듯하다. 다음 자료들을 참조할 것. "MID RF prizval FT i NYT," *RFE/RL*, May 14, 2020; Matthew Luxmoore, "Survey: 1 in 3 Russian Doctors Told to 'Adjust' COVID-19 Stats," *RFE/RL*, May 22, 2020; Anna Łabuszewska, "Defilada zwycięstwa nad koronawirusem i czeczeński pacjent," *Tygodnik Powszecnhy*, May 23, 2020. 또한 Manas Kaiyrtayuly, "Kazakh COVID-19 Cemetery Has More Graves Than Reported Coronavirus Victims," *RFE/RL*, May 25, 2020 참조.

138 거의 이루어지지 않았기: "'It's Horrific': Coronavirus Kills Nearly 70 at Massachusetts Veterans' Home," *Guardian*, April 28, 2020; Candice Choi and Jim Mustian, "Feds Under Pressure to Publicly Track Nursing Home Outbreaks," Associated Press, April 15, 2020.

138　플로리다주가 데이터를 은폐: Kathleen McGrory and Rebecca Woolington, "Florida Medical Examiners Were Releasing Coronavirus Death Data. The State Made Them Stop," *Tampa Bay Times*, April 29, 2020.

138　초과 사망자들: Maggie Koerth, "The Uncounted Dead," FiveThirtyEight, May 20, 2020.

139　생명, 건강, 자유 같은 가치: 이 점에 관한 중요한 논의로는 Shoshana Zuboff, *The Age of Surveillance Capitalism* (London: Profile Books, 2019); Franklin Foer, *World Without Mind* (New York: Penguin, 2017)와 Naomi Klein, "How Big Tech Plans to Profit from the Pandemic," *Guardian*, May 10, 2020 참조.

139　우리에게 별 소용이 없었다: 빅데이터는 물론 영리 이외의 목적으로 이용될 수 있지만, 이 데이터를 의료에 이용하기 위해서는 이제 막 걸음마를 뗀 의식적 노력이 필요하다. 균형 잡힌 논평으로는 Adrian Cho, "Artificial Intelligence Systems Aim to Sniff Out Signs of COVID-19 Outbreaks," *Science*, May 12, 2020 참조.

140　비만 상태의 미국인들이야말로 위험이 가장 높다: Shikha Garg et al., "Hospitalization Rates and Characteristics of Patients Hospitalized with Laboratory- Confirmed Coronavirus Disease 2019—COVID-NET, 14 States, March 1-30, 2020," *CDC Morbidity and Mortality Weekly Report*, April 17, 2020; Bertrand Cariou et al., "Phenotypic Characteristics and Prognosis of Inpatients with COVID-19 and Diabetes: The CORONADO Study," *Diabetologia*, May 7, 2020.

141 우리의 공통된 필요를 밝혀주지는 못한다: Safiya Umoja Noble, *Algorithms of Oppression* (New York, NYU Press, 2018); Virginia Eubanks, *Automating Inequality* (New York: St. Martin's, 2017).

141 우리가 필요한 지식: 스마트 온도계로 측정된 체온의 (오싹하고) 은밀한 대량 수집을 통해, 어느 도시에서 감염이 있었는지는 확인할 수 있었다. 하지만 이미 사태가 벌어진 뒤였다. 이 점에 대해서는 Edward Lucas, *Cyberphobia* (New York: Bloomsbury, 2015); Roger McNamee, *Zucked* (London: Penguin, 2019); Nicholas Carr, *The Shallows* (New York: W. W. Norton, 2011) 참조.

142 목표는 중독: 디지털 정치학에 관해서 나는 다음 글에서 논한 바 있다. "What Turing Told Us About the Digital Threat to a Human Future," *New York Review Daily*, May 6, 2019; 독일어로 출판된 확장된 논의는 *Und wie elektrische Schafe träumen wir. Humanität, Sexualität, Digitalität* (Vienna: Passagen, 2020) 참조. Brett Frischmann and Evan Selinger, *Re-engineering Humanity* (Cambridge: Cambridge University Press, 2018); Jaron Lanier, *Ten Arguments for Deleting Your Social Media Accounts Right Now* (New York: Henry Holt, 2018); Martin Burckhardt, *Philosophie der Maschine* (Berlin: Matthes and Seitz, 2018)도 볼 것.

142 인간이 무릅쓰는 용기: 미셸 푸코의 "Discourse and Truth: The Problematization of Parrhesia," 1983년 강의들은 foucault.info 에서 볼 수 있다. 다음의 자료도 참고. Kieran Williams, *Václav Havel*(London: Reaktion Books, 2016); Marci Shore, "A Pre-History of Post-Truth, East and West," *Eurozine*, September 1, 2017.

144 광고 수입을 독차지한다: Lee McIntyre, *Post-Truth* (Cambridge, Mass.: MIT Press, 2018), 80-118.

145 터무니없는 거짓: Sheera Frenkel, Ben Decker, and Davey Alba, "How the 'Plandemic' Movie and Its Falsehoods Spread Widely Online," *New York Times*, May 20, 2020; Jane Lytvynenko, "The 'Plandemic' Video Has Exploded Online," Buzzfeed, May 7, 2020.

145 미국 대부분의 지역은: Penelope Muse Abernathy의 계속된 작업들은 www.usnewsdeserts.com에서 확인할 수 있다. Margaret Sullivan, *Ghosting the News*(New York: Columbia Global Reports, 2020) 또한 참조할 것.

146 켄터키주: Charles Bethea, "Shrinking Newspapers and the Costs of Environmental Reporting in Coal Country," *New Yorker*, March 26, 2019.

146 코로나 바이러스를 구실로 삼아 환경오염을 합법화했다: 이에 대해서는 다음 자료들을 참조할 것. Katelyn Burns, "The Trump Administration Wants to Use the Coronavirus Pandemic to Push for More Deregulation," Vox, April 21, 2020; Emily

Holden, "Trump Dismantles Environmental Protections Under Cover of Coronavirus," *Guardian*, May 11, 2020; Emily Holden, "U.S. Lets Corporations Delay Paying Environmental Fines amid Pandemic," *Guardian*, May 27, 2020. 환경오염은 코로나 바이러스로 사망하는 아프리카계 미국인들의 비율이 왜 그렇게 높은지 설명해주는 이유의 하나인 듯하다. Linda Villarosa, "'A Terrible Price': The Deadly Racial Disparities of Covid-19 in America," *New York Times*, April 29, 2020.

147 새로운 감염병을 촉발한 탓에: William C. Becker and David A. Fiellin, "When Epidemics Collide: Coronavirus Disease 2019(COVID-19) and the Opioid Crisis," *Annals of Internal Medicine*, April 2, 2020.

148 사망자들의 모습을: 일례로 "Remembering Vermonters Lost to the Coronavirus," VTDigger 참조. 팬데믹이 진행되고 있다는 것을 알았을 때 지방 공무원들은 지역 신문의 부재로 인해 건강 수칙을 홍보하는 일이 어려웠다.

149 진실의 죽음은: 나의 책 *Road to Unfreedom*과 Peter Pomerantsev, *Nothing Is True and Everything Is Possible*(New York: Public Affairs, 2015) 참조. 또한 Anne Applebaum, *Twilight of Democracy*(London: Penguin, 2020)도 볼 것. 그 밖에 George Orwell's "The Politics of the English Language"(1946), Hannah Arendt's "Truth and Politics"(1967), and Václav Havel's "The Power of the Powerless"(1978) 참조.

네 번째 교훈: 의사들이 권한을 가져야 한다

161 작금의 우리가 목도하듯: Rivka Galchen, "The Longest Shift," *New Yorker*, April 27, 2020.

161 주먹구구식 땜질 진료: Lovisa Gustafsson, Shanoor Seervai, and David Blumenthal, "The Role of Private Equity in Driving Up Health Care Prices," *Harvard Business Review*, October 29, 2019.

161 트럼프의 대통령 선거 운동을 돕는 회사들: Stephen Gandel and Graham Kates, "Phunware, a Data Firm for Trump Campaign, Got Millions in Coronavirus Small Business Help," CBS News, April 23, 2020.

162 그 운동에 기부한 기업주들: Lee Fang, "Small Business Rescue Money Flowing to Major Trump Donors, Disclosures Show," *Intercept*, April 24, 2020.

162 미국에서 가장 부유한 사람들이 사는 지역: Aaron Leibowitz, "Approved for $2M Federal Loan, Fisher Island Now Asking Residents Whether to Accept It," *Miami Herald*, April 23, 2020.

162 사모펀드 기업들: Pema Levy, "How Health Care Investors Are Helping Run Jared Kushner's Shadow Coronavirus Task Force," *Mother Jones*, April 21, 2020.

162 단 한 개도: 다음 기사 참조. Susan Glasser, "How Did the U.S. End Up with Nurses Wearing Garbage Bags?" *New Yorker*, April 9, 2020.

163 길 건너 이웃집에서: 테렌자니(Michaela Terenzani)가 진행한 쇼어(Marci Shore)의 인터뷰 참조. "American Historian: Our Enormous Wealth Means Little Without a Public Health System," *Slovak Spectator*, April 8, 2020.

164 의사들과 간호사들에게 고용주들로부터 함구령이 내려졌기 때문에: 다음의 보도를 참조할 것. Theresa Brown, "The Reason Hospitals Won't Let Doctors and Nurses Speak Out," *New York Times*, April 21, 2020; Nicholas Kristof, "'I Do Fear for My Staff,' a Doctor Said. He Lost His Job," *New York Times*, April 1, 2020.

164 미국의학협회: 다음 간행물 참조. Patrice A. Harris, "AMA Backs Physician Freedom to Advocate for Patient Interests," April 1, 2020.

165 오하이오주에서 검사가 시작되었을 때: Dan Horn and Terry DeMio, "Health Care Workers in Ohio Are Testing Positive for COVID-19 at an Alarming Rate," *Cincinnati Enquirer*, April 13, 2020.

165 총애받는 의사: Michael Schwirtz, "A Brooklyn Hospital Mourns the Doctor Who Was 'Our Jay-Z,'" *New York Times*, May 18, 2020.

165 스스로 목숨을 끊은 응급실 의사: Ali Watkins et al., "Top E.R. Doctor Who Treated Virus Patients Dies by Suicide," *New York Times*, April 27, 2020.

165 간호사들 역시 목숨을 잃었다: 첫 8주 동안 사망한 최소 9282명

의 의료진 현황에 대해서는 질병통제본부(CDC)의 다음 보고
서를 볼 것. "Characteristics of Health Care Personnel with
COVID-19—United States, February 12—April 9," April 17,
2020. 현재 집계 중인 사망 의료진의 목록은 MedPage Today에
서 볼 수 있다.

166 엄마 없이 우린 아무도 살아갈 수 없어: Michael Rothfeld, Jesse
Drucker, and William K. Rashbaum, "The Heartbreaking Last
Texts of a Hospital Worker on the Front Lines," *New York
Times*, April 15, 2020.

166 최초로 알려진 희생자: Rebecca Rivas, "Nurse Judy Wilson-
Griffin," *St. Louis American*, March 20, 2020.

166 걸프전 참전군인: "Lost on the Frontline" *Guardian* 참조.

166 더 나이 든 참전군인들: Tracy Tulley, "'The Whole Place Is
Sick Now': 72 Deaths at a Home for U.S. Veterans," *New York
Times*, May 10, 2020.

169 병상을 유지하는 일에는 비용이 든다: 이와 유사한 문제가 환풍
기에 대해서도 지적될 수 있다. 환풍기가 부족한 이유 중 하나
는 오직 비싸고 복잡한 형태만 생산되기 때문이다. 연방정부가
더 저렴하고 단순한 환풍기를 제조하는 회사와 계약을 맺으려고
할 때 더 비용이 많이 드는 종류를 만드는 다른 회사가 이를 인수
했던 것이다. 이에 대해서는 다음의 자료 참조. Shamel Azmeh,
"The Perverse Economics of Ventilators," Project Syndicate,
April 16, 2020.

169 10년에 한 번꼴로: 자연의 정복은 후천성면역결핍증, 사스호흡

기 증후군, 메르스 증후군, 그리고 코로나 바이러스 같은 인수공
통 감염병의 위험만 높이는 것이 아니다. 소수종의 소수 개체군
으로 줄어든 지구 포유류의 실질적 감소는 인간이 소비하는 가축
들 사이에서 감염병이 번질 수 있는 이상적인 조건을 만들어낸
다. 현재 포유류 생체군의 약 66퍼센트가 사육되는 가축이고, 나
머지 30퍼센트는 인간이다. 모든 야생 포유류들은 전부 합쳐도
겨우 10퍼센트에 불과하다는 뜻이다. 아프리카 돼지열병이 미국
에 상륙하는 일은 시간문제일 뿐이다. 이 점에 관해서는 다음의
글들 참조. Olivia Rosane, "Humans and Big Ag Livestock Now
Account for 96 Percent of Mammal Biomass," EcoWatch,
May 28, 2018; Greg Cima, "Guarding Against an Outbreak,
Expecting Its Arrival," *JAVMA News*, May 1, 2020.

172 난치성 심장질환: Elizabeth Cohen, "10 Ways to Get Your
Child the Best Heart Surgeon," CNN, August 4, 2013; Kristen
Spyker, "Heterotaxy Syndrome," blog posts, March 11 and
April 6, 2012.

173 주요 사망 원인: Jerome Groopman, "The Cutting Edge,"
New Yorker, April 20, 2020. 같은 필자의 책, *How Doctors
Think* (New York: Houghton Mifflin, 2007)도 참조할 것. 특히
저자 자신의 척추 수술 경험담을 이야기하는 대목을 주의 깊게
볼 것.

174 더 이상 항생제 연구를 진행하지 않고 있다: Elizabeth Schumacher,
"Big Pharma Nixes New Drugs Despite Impending 'Antibiotic
Apocalypse,'" *Deutsche Welle*, September 14, 2019; "A

Troubling Exit: Drug Company Ends Antibiotics Research," *Star-Tribune*, July 20, 2018.

176 기록은 본래 의도된 목적이 아니라: Siddhartha Mukherjee, "What the Coronavirus Reveals About American Medicine," *New Yorker*, April 27, 2020.

179 의사들이 가정으로 왕진을 오게 되면: Katherine A. Ornstein et al., "Epidemiology of the Homebound Population in the United States," *JAMA Internal Medicine*, July 2015; Tina Rosenberg, "Reviving House Calls by Doctors," *New York Times*, September 27, 2016.

179 전국 차원의 대차대조표: Isaac Arnsdorf, "Overwhelmed Hospitals Face a New Crisis: Staffing Firms Are Cutting Their Doctors' Hours and Pay," ProPublica, April 3, 2020.

180 병폐는: 벤저민 프랭클린이 헨리 로렌스에게 보낸 1784년 2월 12일 자 편지 참조. National Archives의 온라인 자료실에서 열람 가능.

181 약 120개의 병원이 문을 닫았다: Jack Healy et al., "Coronavirus Was Slow to Spread to Rural America. Not Anymore," *New York Times*, April 8, 2020.

181 시골 지역에 거주하는 미국인들은: Suzanne Hirt, "Rural Communities Without a Hospital Struggle to Fight Rising Coronavirus Cases, Deaths," *USA Today*, May 15, 2020.

181 최초로 사망: Healy et al., "Coronavirus Was Slow."

182 희박하다: K. E. Hauer et al., "Factors Associated with Medical

Students' Career Choices Regarding Internal Medicine," *Journal of the American Medical Association*, September 10, 2008, 1154-64.

182 논인 의학: Atul Gawande, *Being Mortal* (New York: Macmillan, 2014), 36-48.

182 가장 중요한 역할을 하는 의사들: Reed Abelson, "Doctors Without Patients: 'Our Waiting Rooms Are Like Ghost Towns,'" *New York Times*, May 5, 2020.

결론: 회복을 위하여

186 엄청난 보험료를 지불하고 있다: Elizabeth H. Bradley and Lauren A. Taylor, *The American Health Care Paradox* (New York: Public Affairs, 2013).

188 금전적 속임수: 이러한 예상치 못한 요금 청구는 사모펀드들이 재빨리 병원을 매입해서 이익을 낸 다음 적자에 빠지게 만드는 하나의 패턴이다. 그 결과 더 많은 사람들이 의료 혜택에서 제외된다.

188 모든 미국인이 고통을 겪게 됐다: Robert Reich, "Covid-19 Pandemic Shines a Light on a New Kind of Class Divide and Its Inequalities," *Guardian*, April 26, 2020.

190 중우정치로 이끈다: Plato, *Republic*, book 8; Raymond Aron, *Dix-huit leçons sur la société industrielle* (Paris: Gallimard, 1962), 55.

190 미국의 억만장자들이 벌어들인 돈의 합계는: Chuck Collins,

Omar Ocampo, and Sophia Paslaski, "Billionaire Bonanza,"
Institute for Policy Studies, April 2020; Chris Roberts, "San
Francisco Has 75 Billionaires. Most of Them Aren't Donating
to Local COVID-19 Relief," *Curbed*, April 30, 2020.

191 수천 명의 의사들이: 〈국민 의료보장 프로그램을 지지하는 의사
들〉(Physicians for a National Health Care Program)의 웹사이
트(pnhp.org)를 참조할 것.

192 시장경제 신봉자들 가운데 가장 영향력이 있는: Friedrich
Hayek, *The Road to Serfdom*, ed. Bruce Caldwell (Chicago:
University of Chicago Press, 2017 [1944]), 207, 215, 148-
49.

에필로그: 분노와 공감

198 반년 만의 첫 강연: 녹화되어 있다. www.youtube.com/watch?v
=Ohljz-a1fZE&t=1191s. 내 강연은 20:45에 시작된다.

옮긴이 강우성

서울대 영문과와 대학원을 졸업하고 미국 뉴욕주립대학교(버펄로) 영문과에서 19세기 미국문학과 데리다에 관한 연구로 박사학위를 받았다. 한성대학교에서 가르치다가 2008년부터 서울대학교 영문과와 비교문학과에서 미국문학, 영화, 비평이론을 강의하고 있다. 주요 저서로는 『프로이트 세미나』, 『미술은 철학의 눈이다』(공저), *Translated Poe*(공저) 등이 있고, 『미국 변화인가 몰락인가』(공역), 『이론 이후 삶』(공역), 『어리석음』, 『팬데믹 패닉』, 『잃어버린 시간의 연대기』, 『천하대혼돈』 등의 번역서가 있다. 논문으로는 「해체론과 문학의 문제」, 「미지의 글쓰기: 데리다와 시」, 「폭력과 법의 피안: 정치적 주체의 탄생」, 「저항의 리듬」, 「Bartleby and the Abyss of Potentiality」 등이 있다.

치료받을 권리: 팬데믹 시대, 역사학자의 병상일기

1판 1쇄   2021년 6월 28일

지은이   티머시 스나이더
옮긴이   강우성
펴낸이   김이선
편집   김이선 권은경
디자인   김진영
마케팅   이보민 양혜림 이다영

펴낸곳   (주)엘리
출판등록   2019년 12월 16일 (제2019-000325호)
주소   04043 서울특별시 마포구 양화로 12길 16-9(서교동 북앤빌딩)
✉   ellelit@naver.com
🐦📘📷   ellelit2020
전화   (편집) 02 3144 3803 (마케팅) 02 3144 2553
팩스   02 3144 3121

ISBN   979-11-91247-08-4   03300